初級者の間違いから学ぶ

日本語文法を教えるためのポイント30

高嶋幸太　関かおる 編著
岩原日有子　内山聖未　川野さちよ
チャン・ティ・ミー 著

大修館書店

はじめに

　本書は，『その日本語，どこがおかしい？　日本語教師のための文型指導法ガイドブック』（国際語学社）を，『〈初級者の間違いから学ぶ〉日本語文法を教えるためのポイント30』とリニューアルし，増補改訂新装版として刊行したものです。新規の文法項目や追加付録なども収録し，旧版に1,000か所以上の加筆・修正を施していますので，より使いやすい指導参考書になったと考えています。

　本書の構想は，私がJapan International Cooperation Agency（以下JICA）青年海外協力隊で2010年から2012年までの2年間，モンゴルの初等・中等教育機関で日本語教師として活動していたときに遡ります。きっかけは，同僚のモンゴル現地の先生が発した「モンゴル語の使役と受身は形が同じなので，教えるのが難しい」という一言でした。この一言から，学習者の母語も踏まえて日本語を教える必要性を痛感しました。日本に帰国してからは，海外の日本語教育について調べるために，アジア，アフリカ，中南米などの地域に派遣されていたJICA青年海外協力隊の日本語教師に対しアンケートやインタビューを実施しました。その中にも「国内だけでなく，海外のことも視野に入れた本が少ない」という意見が多くあり，海外の現地教師だけでなく，母語話者日本語教師も同じような問題を抱えていることがわかりました。そこで，日本で日本語を教える方はもちろんのこと，海外で日本語を教える方も対象にした指導参考書を書こうと思ったところから本書の企画はスタートしました。

　私はJICA日本語教師教授法研修に参加して以降，わかったときの達成感を学習者が味わえるような教え方アイディアをネタ帳にしたためてきました。本書ではその中から厳選した多数のアイディアを紹介しています。現在出版されている日本語の指導参考書は，日本で使われることを想定したものが多く，教材やコピー機などの機材が豊富にあることを前提に書かれていま

す。本書は，国内の教育機関はもちろんのこと，地域のボランティアや，海外の現場など，さまざまな学習環境を念頭に作られています。

　執筆にあたりまして，多くの文献を参考にいたしましたが，本書は指導参考書という本の性質上，本文中に出典は示さず，巻末にまとめて参考文献として掲載しております。ご理解くださいますよう，よろしくお願いいたします。

　増補改訂作業に際し，担当編集者の内田雅さんをはじめ大修館書店の方々には数多くのご提案やご助言をいただきました。感謝いたします。そして，本書に華を添えるイラストを多数制作してくださったイラストレーターの岡林玲さんには大変お世話になりました。心よりお礼を申し上げます。また執筆に際し，多くのアイディアやヒントを与えてくれた，英語教師であり英文学者であった亡き祖父の中西幸二に感謝の気持ちを込めて本書の刊行を報告したいと思います。

　新装版として生まれ変わった本書が世界の多くの日本語教育の場で活用され，日本語の授業をする際，何かのお役に立てばと願っております。同時に，本書がことばの多様性にご興味を持つ1つのきっかけになれば幸いです。

2017年12月

編著者　高嶋 幸太

目次

はじめに　　　　　　　　　　　　　　　　　　　　　　　　　　　iii
本書の使い方　　　　　　　　　　　　　　　　　　　　　　　　　viii

1　「これ」「それ」「あれ」― 指示詞
　　[?]それは富士山ですか。（遠くにある山を指して）………………… 2
2　「行きます」「来ます」― 動詞①
　　[?]今日，ケンさんの家に来ます。………………………………… 10
3　「あります」「います」― 動詞②
　　[?]教室に友達があります。………………………………………… 16
4　い形容詞・な形容詞 ― 形容詞①
　　[?]マリア先生はきれい先生です。………………………………… 22
5　「〜が好きです」― 形容詞②
　　[?]私はスポーツを好きです。……………………………………… 30
6　「あげます」「もらいます」「くれます」― あげもらい①
　　[?]ワンさんは私に水をあげました。……………………………… 36
7　「〜てあげます」「〜てもらいます」「〜てくれます」
　　― あげもらい②
　　[?]夏休み中に，先生にお手紙を送ってあげます。……………… 42
8　自動詞・他動詞― ヴォイス①
　　[?]時計を壊したので，直してください。………………………… 50
9　受身― ヴォイス②
　　[?]私の足は弟に踏まれました。…………………………………… 56
10　使役― ヴォイス③
　　[?]美容院に行って，髪を切らせました。………………………… 64

v

11	普通体― 文体・スタイル①	
	?明日，映画見るか？	72
12	尊敬語― 文体・スタイル②	
	?父は家にいらっしゃいません。	80
13	謙譲語― 文体・スタイル③	
	?先生からそのお話をお聞きになりました。	86
14	「[自動詞]ています」「[他動詞]てあります」 ― テンス・アスペクト①	
	?さいふが落としてあります。	92
15	「～ておきます」― テンス・アスペクト②	
	?学生がまだ教室にいるから，電気をつけます。	96
16	「～たところ」「～たばかり」― テンス・アスペクト③	
	?先週，この靴を買ったところです。	100
17	連体修飾― 従属節①	
	?昨日買ったの本は面白いです。	104
18	「～と」「～ば」「～たら」― 従属節②	
	?京都に行けば，お寺が見たいです。	108
19	「～なら」― 従属節③	
	?時計を見るなら，もう10時でした。	116
20	「～ように」「～ために」― 従属節④	
	?モナリザが見られるように，パリに来ました。	122
21	「～がほしいです」― ムード・モダリティ①	
	?キムさんはカメラがほしいです。	128
22	「～たいです」― ムード・モダリティ②	
	?私はリンゴを食べますがほしいです。	134
23	「～てください」― ムード・モダリティ③	
	?ちょっと待ちてください。	140
24	「～んです」― ムード・モダリティ④	
	?すみません，寝坊したんです。	148
25	様態の「そうだ」・伝聞の「そうだ」 ― ムード・モダリティ⑤	
	?おいしいそうです。（食べ物を見て）	154

26 「ようだ」「らしい」— ムード・モダリティ⑥
　?ちょっと塩が多いらしいです。(味見して) ………………………… 158
27 「は」「が」— 助詞①
　?どの方は田中さんですか。 ………………………………………… 164
28 場所の「に」と「で」— 助詞②
　?庭にパーティがあります。 ………………………………………… 170
29 「よ」「ね」「よね」— 助詞③
　A：「明日は試験ですね。」　B：「?ええ，そうですよ。」 ………… 176
30 「から」「ので」— 助詞④
　?この漢字がわからないから，教えてください。 ………………… 182

付録1　練習問題実例集　　　　　　　　　　　186
付録2　授業で使える教材例　　　　　　　　　212
付録3　授業の基本的な流れ　　　　　　　　　228
付録4　初級指導で役に立つ本　　　　　　　　250

おわりに　　　　　　　　　　　　　　　　　254
参考文献　　　　　　　　　　　　　　　　　256
索引　　　　　　　　　　　　　　　　　　　259
編著者・著者紹介　　　　　　　　　　　　　260

本書の使い方

　本書は授業準備をする際，補助的な指導参考書として，市販されている日本語の総合教科書といっしょに使っていただくことを目的に作られています。本文中には，学習者からよく出る誤用例が取り上げられており，これらの誤用を正用に導くための教え方アイディアやヒントが書かれています。例えば，22 ページから始まる「4　い形容詞・な形容詞」では，「マリア先生はきれい先生です」といった誤用例があり，そのあとに，このような誤用が出てしまう理由や，正しく身につけてもらうための教え方などが書かれています。また知りたい情報を簡単に検索できるよう，目次では学習者の誤用例と文法項目，両方の見出しを掲載しています。

　本書の使い方ですが，授業準備をする際，次の 4 つのステップをイメージしながら活用すると効果的です。

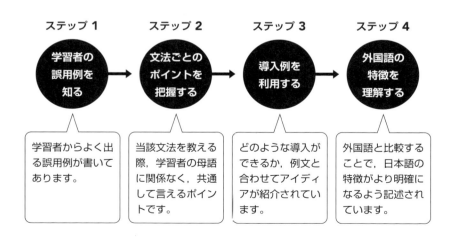

なお，③は，学生の学習者を対象とした導入例となっています。③の中から自分の授業で使えそうなものを選び，使ってみてください。語彙や例文は学習者に合ったものにアレンジするのもよいでしょう。
　次に本書に30あるポイントの説明の流れについて，ステップごとに見ていきます。

●ステップ１

　まず最初に学習者からよく出てくる「誤用例」を提示します。本書では，教師が授業を設計したり，実践を行ったりしていくうえで，学習者の母語や誤用を学ぶことは非常に大切だと考えます。なぜなら，学習者の母語を知ることで，起こりうる誤用を予想し，適切な教え方を事前に準備することができるからです。そのため教師が学習者から学ぶという姿勢は重要になってきます。本書のタイトルに「初級者の間違いから学ぶ」という言葉を入れたのもそのような理由からです。

●ステップ２

　「ポイント」という項目で，その文型を教える際，学習者の母語に関係なく，共通して言える要点を説明します。授業をするまえに，教師はこのことを知っておかなければなりません。また必要に応じて，「さらにもう一歩」という項目を設け，取り上げている文法に関連して，付加的なポイントを解説しています。

●ステップ３

　ここでは「使える教材」と「導入例」の２つの項目が設けられています。「使える教材」では，導入をする際に便利な教材について，「導入例」では当該の文法ポイントを学習者に説明する際に有用な導入の例について紹介しています。「導入例」ではステップ２の「ポイント」と同様に，必要に応じて「さらにもう一歩」という項目を設け，取り上げている文法に関する教室活動やアクティビティなど，役立つ情報を掲載しています。
　「使える教材」の例として，以下に学習者の理解を深めるのに適している教材を３つ紹介します。

- レアリア…実際の物のことです。右の例は新聞とチラシのレアリアです。他にも，レストランのメニューや旅行のパンフレットなどさまざまなレアリアが存在します。

【新聞とチラシのレアリア】

- ペープサート…紙と割り箸で作った紙人形です。人物が2人以上いるときに，ペープサートを使って教師はそれぞれの役になることができます。227ページにペープサートの作成キット例があります。

【ペープサート例】

- フラッシュカード…動詞や形容詞，名詞などが書いてあるカードです。

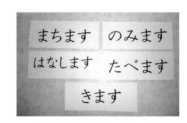
【動詞のフラッシュカード】

●ステップ4

「外国語では？」という項目を設け，今までの教授経験から著者が知っている6つの言語（英語，スペイン語，フランス語，中国語，ベトナム語，モンゴル語）の特徴を取り上げています。掲載している6つの言語以外にも知っていることばがあったら，整理しておくのもよいでしょう。

これ以外にも，多数の「コラム」を掲載し，応用練習のアイディアや現場のエピソードを紹介しています。

なお，本文中において"V"は動詞（verb），"N"は名詞（noun）を表します。

〈初級者の間違いから学ぶ〉

日本語文法を教えるためのポイント 30

1 「これ」「それ」「あれ」

【指示詞】

> **誤用例**
> ?それは富士山ですか。(遠くにある山を指して)

　この学習者は遠くにある山を指して「それ」を使っています。話し手にとって、やや遠いところにあるものを指す「それ」、遠いところにあるものを指す「あれ」は使い分けに苦労します。というのは、他の言語では指示詞が3つもない場合が多いからです。本章では指示詞を詳しく見ていきましょう。

ポイント

❶現場指示

　「これ・それ・あれ」には、実際に存在する対象物を指すときに使う現場指示と、会話や文章内の対象物を指すときに使う文脈指示の2つがあります。ここでは主に誤用例で挙げた現場指示を見ていきます。現場指示の「これ・それ・あれ」には、対立型と融合型があります。対立型とは話し手と聞き手が別々の場所にいる場合で、融合型とは話し手と聞き手が同じ場所にいる場合です。このように、日本語では話し手と聞き手の位置関係で「これ・それ・あれ」の使い方が変わります。なお、この対立型、融合型の考え方は「この・その・あの」「ここ・そこ・あそこ」「こちら・そちら・あちら」などの表現でも同様です。

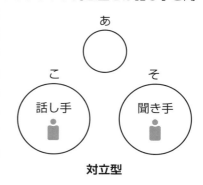

対立型

❷対立型

対立型の場合，話し手と聞き手が同じ領域にいません。話し手の領域にあるものを「これ」，聞き手の領域にあるものを「それ」，そして，話し手・聞き手両者の領域から遠いものを「あれ」で言い表します。例えば，相手の飲んでいるものを指し「それは何ですか。」と尋ね，「これはコーヒーです。」という会話例も考えられます。

❸融合型

融合型の場合，話し手と聞き手は同じ領域にいます。話し手と聞き手の領域にあるものは「これ」，両者から少し遠いものを「それ」，両者から遠いものを「あれ」で言い表します。

ただし，この融合型の場合，話し手から同じ距離にあるサクラでも，教室では「あれはサクラです。」と言えていたものが，公園では「それはサクラです。」と言う場合があります。つまり，両者が広いところにいるのか，狭いところにいるのか，どこにいるのかで「それ」「あれ」が相対的に変わってくることがあるのです。というのは，

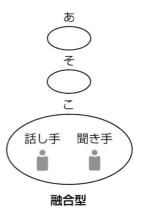

融合型

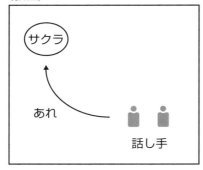

広いところの場合，指している花よりも遠くに他のものがあるかもしれないからです。これは話し手の主観的判断による部分も大きいです。

冒頭の学習者は，山は遠くにあるので「あれ」を使うべきでした。もちろんもし富士山がそれほど遠くない場所にあるのであれば，「それは富士山です。」といえます。どの指示詞を使うかは，話し手の立つ位置や指している対象物によって変わってきます。学習者にもよりますが，「これ」「それ」「あれ」を無理して同時に教えなくてもよいでしょう。

[さらにもう一歩]
❹文脈指示

文脈指示での使い分けも学習者にとっては難しい項目です。文脈指示を使った会話例としては，以下のようなものが考えられます。

A：昨日，弓道をしました。
　①これがすごく面白かったです。
B：何ですか，②それ。
A：弓道は日本のアーチェリーです。
B：あ，③あれは面白いですよね。

この場合，指示対象の事物を認識しているかどうかなどで使い分けます。
①話し手が認識している事物や，眼前に存在するかのようにありありと叙述したい事物に対しては，「これ」が使われます。この会話例の場合，Aは「弓道」を認識していて，それを叙述しているので「これ」が使われています。
②話し手か聞き手のどちらかが認識していると考えられる事物に対しては，「それ」が使われます。この会話例では，Aが「弓道」を認識し，Bは認識していないので，「それ」が使われています。
③話し手と聞き手の両者が認識していると考えられる事物に対しては，「あれ」が使われます。会話例では，A，B共に「弓道」を認識しているので「あれ」が使われています。

これらを導入する際は、ただ文章で提示するのではなく、イラストや図解などを用いた方がわかりやすくなります。

使える教材

★レアリアや写真……お店で売っているもの
★絵カード……ポイント❷、❸の図を使って説明できます。

導入例

「対立型」
◆マーケットの場面を使う
【例】これはサクラです。
　マーケットあるいはフリーマーケットという場面を設定し、少し離れた位置で教師が売り手、学習者が買い手を演じます。例えば、花屋さんで売り手が自分の近くにある花を指して「これはサクラです。」と言います。
　また、買い手の近くにあるものについては「それは〜です。」と売り手が言います。そして、両者から遠いものに対しては「あれは〜です。」と言います。

　　場面は果物屋さんなど、学習者が興味を持つ店がよいでしょう。

◆イラストを使う
【例】これはサクラです。
　ポイント❷の対立型で書かれている図を描き、教師はそれぞれ「これは〜です。」「それは〜です。」「あれは〜です。」と言います。

「融合型」
◆マーケットの場面を使う
【例】これはサクラです。
　マーケットあるいはフリーマーケットという場面を設定し、同じ領域に立ち教師が売り手、学習者が買い手を演じます。花屋さんの場合、両者の近くにあるものについて「これはサクラです。」と言います。また、少し離れているものについては「それは〜です。」と売り手が言います。そして、両者から遠いものについては「あれは〜です。」と言います。

◆イラストを使う
【例】これはサクラです。
　ポイント❸の融合型で書かれている図を描き、教師はそれぞれ「これは〜です。」「それは〜です。」「あれは〜です。」と言います。

外国語では？

 英語

　英語では「これ・それ・あれ」に当たる指示代名詞は this と that の2つです。話し手から近い物に使う this と、遠い物に使う that の2つです。

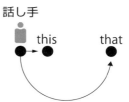

 スペイン語

　話し手から近くの物、少し遠くの物、遠くの物の3つで使い分けます。また、文脈指示の使い分けも日本語と類似しています。ただし、それぞれ対応はしていますが、下のように男性名詞、女性名詞、中性名詞があり、区別して使われます。

	男性	女性	中性
これ	éste	ésta	esto
それ	ése	ésa	eso
あれ	aquél	aquélla	aquello

フランス語

　フランス語は ce の１つで「これ・それ・あれ」のすべてを表します。ce は後に来る名詞の性と数によって以下のように変化します。遠近を区別し，近くのものを指したいときは，「この」を意味する -ci を名詞の後につけます。遠くのものを指したいときは，「その・あの」を意味する -là を名詞の後につけます。例えば "ce livre-ci" で「この本」になります。

男性の単数	女性の単数	男性・女性の複数
ce（cet*）	cette	ces

*頭文字が母音か h で始まる名詞のときは cet になります

中国語

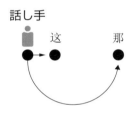

　中国語では話し手から近い物に使う"这"と，遠い物に使う"那"の２つしかなく，日本語で「それ，その」と言わなければならないものが，「あれ，あの」になってしまうことがよくあります。そのため，学習者からなかなか「それは～」や「そちらは～」などが出てきません。また中国語では「これは本です」の「これ」と「これをください。」の「これ」とでは使うことばが違います。目的語になるときは"这个"や"那个"などを使います。

ベトナム語

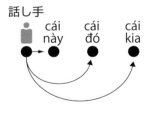

　ベトナム語では，話し手から近い物を指すときに使う cái này，少し遠い物を指すときに使う cái đó，遠い物を指すときに使う cái kia の３つがあります。しかし，文脈指示は日本語と対応しているわけではないです。例えば，話し手と聞き手の両者が認識していると考えられる事物の場合，日本語では「あれ，あの」が使われますが，ベトナム語では「それ，その」に当たる指示詞が使われます。

モンゴル語

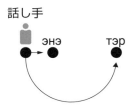

モンゴル語では,「これ・それ・あれ」に当たる指示詞は2つです。話し手から近いところにある対象物を指すэнэと, 遠いところにある対象物を指すтэрの2つです。

日本語には「こ・そ・あ」の3つの指示詞がありますが, 上で見てきたように指示詞の数や使い方は言語によって異なります。そのため, 日本語以外の指示詞がどうなっているのかも把握しておくのが望ましいでしょう。また文脈指示に関して, 話し手／聞き手による認識の有無で使い分けるというのも, 必ずしも日本語と対応しているわけではないので, 教える際は十分な説明が必要です。

コラム

「日本語学習と私」〜スーダンの学習者Hさんの場合〜

当然のことですが, 世界中の学習者にとって, 日本語学習が意味するものはさまざまです。彼ら彼女らにとっての「日本語学習とは？」について語ってくれたスーダンの一学習者からの文章をここに紹介します（太字は筆者による）。言語学習はコミュニケーション・ツールの獲得という視点だけでは語れないことを, 再認識させてくれるようなメッセージだと思いませんか。

私はこれから, クウェートにたぶん7か月ぐらい行きます。スーダンで日本語を勉強し始めてからもうすぐ2年だから, スーダンを離れるのはさびしい。**日本語を始めて, 新しい人にたくさん出会った。**最初はみんな会うのも初めてだし, お互いのことを何も知らなかったけど, 今ではみんな一つの目的やゴールを持った一つの家族みたい。**本当にみんなは私の第二の家族みたい。**私はこの素晴らしい2年間を彼らと過ごせて, 本当に幸せだった。人生で一番楽しくて, 全く新しい世界に出会うこともできた気がする。

スーダンのこの状況のせいで，"可能性"というものをあまり感じられなくて，時々難しいこともあるけど，それでも，人は善意や野心を持ってしたいことが実現できるように"不可能"が"可能"になると信じている。

　こんな状況の中でも，3年前に大学を卒業してから，「日本語」と出会い，やっと熱中できることが見つかった。これが唯一，私が夢中になれることだ。実は学生時代は幸せを感じることはあまりなかった。ずっと目標もなく，なんかパッとしない毎日を過ごしていた（笑）専攻も自分が希望したものじゃなかったし，具体的なものが何もなかった。

　「日本語」との最初の出会いは，アニメ「ワンピース」だった。それがきっかけで，一気に日本の文化や伝統が好きになっていった。

　私は大好きな日本語を続けたい。日本語は私を笑顔にさせてくれるから ^^　これが私の夢で，どんな状況に置かれたって，この夢を叶える……とにかくやってみないと，実現しないし！　日本語は私に自信を持たせてくれるし，他の人とコミュニケーションを取りやすくしてくれる。一人山のてっぺんにいるような自信が湧いてくる。何歳になっても，何かを始めるのに遅すぎるということはないからあきらめないでください。そして，いつも夢を支えてくれる人の中にいてください。私は本当に大きく変わって，希望を持てるようになりました。

　私は本当に幸せです！
　　　　　　　　　　　　　　　　　　　　　　　　　　　（内山）

2 「行きます」「来ます」

【動詞①】

誤用例

?今日，ケンさんの家に来ます。

学習者が「行きます・来ます」を学習したときの誤用です。正しくは「行きます」なのですが，なぜ「来ます」を使ったのでしょうか。

ポイント

❶「行きます」と「来ます」

「行く」は話し手の視点が，動作主の出発するところにある動詞です。そして「来る」は，話し手の視点が，動作主の到着するところにある動詞です。どういうことか，例文と共に確認していきましょう。例えば，下のAの場合，話し手の視点が出発点，つまりその時点で動作主がいるところにあるので，「私はケンさんの家に（へ）行きます。」になります。この場合，「私」は動作主であり，話し手です。次ページ上のBの場合，話し手である私の視点が到着点，つまり動作主が到着する自分の家にあるので「ケンさんは私の家に（へ）来ます。」となります。この場合，動作主である「ケンさん」と話し手は別です。このように，話し手の視点が基準になるのです。冒頭の

「私はケンさんの家に（へ）行きます。」

「ケンさんは私の家に（へ）来ます。」

学習者は，到着点であるケンさんの家に視点を置いていたために，誤ってしまったと考えられます。

❷「来ます」の留意点

「来ます」は自分が教室に来たことがわかれば，それが「来ます」の意味になるのだということを確認してもよいでしょう。また，現在日本国内にいるのなら，学習者は「友達が国から来ます。」と言うことができ，日本国外にいるのなら，「友達が日本から来ます。」と言えます。

> 「行く」「来る」の両方を無理に同じ時間に教えようとしないで，別の時間に教えてもよいでしょう。

[さらにもう一歩]

❸「へ」と「に」の違い

「学校へ行きます。」「学校に行きます。」どちらも正しい文で，「へ」と「に」はそれぞれ入れ替えが可能です。では，何が違うのでしょうか。「学校へ行きます。」は，目的地である**学校がある方向**に注目した表現です。「学校に行きます。」は，**学校に着くこと**に注目した表現です。「来る」「帰る」「向かう」など移動を表す動詞では「へ」と「に」が使えます。

「に」が到着点に注目していることを示す例として，「学校に着きました。」は自然でも「学校へ着きました。」では不自然なことが挙げられます。これは「へ」は方向を表す格助詞だからです。一般的には「～に行きます」の方

がよく使われる傾向にあります。

❹「行っています」
　移動の最中を言うときに「(私は)行っています」と言う学習者がいますが,「向かっています」と言った方が自然です。というのは,移動動詞を使って「友達の家に行っている。」「教室に来ている。」「家に帰っている。」などと言った場合,進行中の動作ではなく移動した結果の状態を表すからです。つまり,「友達の家に行っている」は「出発点から離れ,現在出かけている」という状態を表します。そして「教室に来ている。」は「到着し,現在教室にいる」という状態を表し,「家に帰っている。」は「帰宅し,現在家にいる」という状態を表します。

使える教材

★ペープサート……人の移動が目で見てよくわかります。227ページに作成キットがあります。
★絵カード……ポイント❶の図を使って説明できます。
★絵カード……「家」「学校」「図書館」などの場所の絵カードがあると,非常に便利です。

導入例

「行きます」
◆ペープサートを使う
【例】私は図書館に行きます。
　黒板に場所の絵カード(この場合図書館)を張ります。教師はペープサートを持って,図書館の方へ持っていって日本語で「日曜日です。朝,私は図書館に行きます。」と言います。同じように場所のカードを変えて,2,3例をあげます。

◆絵カードと人を使う
【例】 私は図書館に行きます。
　教室の壁に，場所の絵カードを数枚貼っておき，教師は絵カードの方に歩きながら「私は図書館に行きます。」と言ったり，学習者に歩いてもらい「○○さんは図書館に行きます。」と言ったりします。同じように場所を変えて，2，3例をあげてから，文法を説明します。

「来ます」
◆ペープサートを使う
【例】 友達は私の家に来ます。
　黒板に場所の絵カード（この場合，家）を張ります。教師は自分のペープサートを家に置いておき，腕を伸ばし，友達のペープサートを離します。離した友達を家の方へ近づけていって日本語で「友達は私の家に来ます。」と言います。同じように他の人のペープサートを家に持ってきます。

◆絵カードと人を使う
【例】 ○○さんは私の家に来ます。
　教室の壁に，場所の絵カードを数枚貼っておき，教師は家の絵カードのそばに立ちます。学習者の1人に家の方向へ歩いてもらい「○○さんは私の家に来ます。」と言います。同じように人を変えて，2，3例をあげます。

◆出身国を述べる
【例】 ホセさんはメキシコから来ました。
　黒板に世界地図を書き，教師はメキシコから日本を指さします。そして「ホセさんはメキシコから来ました。」とメキシコ出身のホセさんについて紹介します。

外国語では？

 英語

　goは話し手（私）が今いる場所から違う場所に移動するときや，話し手

（私）が聞き手と共に同じ場所に移動するときに使います。一方でcomeは話し手と聞き手が近づくときに使います。そのため，友達に対して"I'll come to your house.（あなたの家に行きます）"と英語では言えます。また，英語では話し手が聞き手の方に移動しているときは"I'm coming."と言うので，「（私は）行っています。」と言ってしまう英語話者の学習者もいます。

 ## スペイン語

スペイン語では，話し手が出発点に視点を置くときはir，到着点に視点を置くときはvenirを使うので，日本語と意味・用法が近いと言えるでしょう。

 ## フランス語

「行く」を意味するallerと，「来る」を意味するvenirを使います。allerは，話し手である私自身が聞き手とは違う方向に移動するときや聞き手と同じ方向に移動するときに使い，venirは話し手の私と聞き手が近づくときに使います。そのためフランス語では，友達に対してvenirを使って「あなたの家に行きます。」と言えます。

 ## ベトナム語

ベトナム語には「行く」に相当するđi，「来る」に相当するđếnという言葉があります。điは出発点から移動することに焦点が置かれ，đếnは到着点に近づくことに焦点が置かれます。焦点の置き方でđến，điどちらとも使える場合もあります。

中国語

出発点から移動するときには"去"，到着点に近づいてくるときには"来"が使われ，日本語の「行く」「来る」と似ていますが，両方使える場合もあ

ります。

モンゴル語

　モンゴル語では、「来る」に対応するのは ирэх の1つですが、「行く」に当たる動詞が явах, очих と2つあり、日本語より細かくなっています。出発地から離れることに焦点を置いた явах と、到着点に着くことに焦点を置いた очих という違いがあります。

　スペイン語では類似していますが、その他の言語における移動表現は、日本語の「行く」「来る」と完全に対応しているわけではないようです。そのことを教師はあらかじめ知っておく必要があります。

コラム

花丸

　日本の小学校では、宿題のチェックをしたときや、テストでよい点を取ったときなどに、先生は花丸を描きますね。①の花丸は普通の花丸で、②は根にじゃがいもを描いた花丸です。チェックのときに使う花丸ですが、他にも自分だけのオリジナル花丸を考えてみてもよいでしょう。ただし、学習者によっては自分のノートや紙に何か書かれるのを嫌がる人もいるので注意してください。また、日本では○は正しいことを意味しますが、正解を意味するマークが、「✓」や「×」などのように、国によって違います。

（高嶋）

「あります」「います」

【動詞②】

誤用例
?教室に友達があります。

「友達」は「人」なので「います」が適切なのですが，学習者が「あります・います」の文を学んだときに，このように間違えてしまいました。今回は「あります・います」について取り上げます。

ポイント

❶「あります」と「います」
基本的には，「います」は生き物つまり有生物，「あります」は生きていない物，つまり無生物に対して使われます。ただし「木」や「花」などは，生き物ですが，自分で自由に動くことができないので，「あります」を使います。動くかどうかも「あります」「います」の使い分けの基準になります。他の言語では，有生・無生という区別をしないことが多いため，冒頭のような誤用は学習者からよく出てきます。

❷存在文と所在文
「あります・います」の文には存在文と所在文，2種類あります。「教室に友達がいます。」「駅の前にレストランがあります。」のように，**存在文は存在することに重点が置かれます**。一方，「友達は教室にいます。」「レストランは駅の前にあります。」のように，**所在文ではどこにあるかに重点が置かれます**。

> さらにもう一歩

❸「は」と「が」の違い

　❷の存在文・所在文を見ると、使われている助詞が「は」と「が」でそれぞれ違います。なぜでしょうか。それは、**「が」には新しい情報を示す**という特徴があり、**「は」には古い情報を示す**という特徴があるからなのです。

　例えば、「この町においしいレストランがありますよ。そのレストランは駅の近くにあります。いっしょに行きましょう。」のように、まず何があるかという情報を出し、そのあとにそれはどこにあるのかを伝えます。「は」は対比を表す場合があるので、「この町においしいレストランはありますよ。」と言うと、「では、何がないのですか。」と聞き手が思うことでしょう。

　他にも、以下のような会話例も考えられます。

A あれ、教室に先生がいませんね。

今、先生は食堂にいますよ。 **B**

「は」と「が」の使い分けについては164〜166ページで詳しく触れます。

❹「ありますか」を使った柔らかい依頼

　「メニュー、ありますか。」のように、「〜をください」の意味としても使えます。「〜ありますか。」は直接的にお願いをしていないため、柔らかい依頼になります。

❺位置詞

　「あります・います」の文には位置詞と言って、どこにあるのかを示すことばが多く使われます。似ていますが、微妙に意味合いが違う位置詞に「となり」「そば」「近く」があります。簡単に違いを整理しましょう。まず「と

なり」ですが，これは前後・横の関係がなく，また同じ形のもの，例えば人や建物などが並んでいるときによく使われます。「そば」と「近く」ですが，「私のそばに来て。」のように「そば」の方がより密接している印象を与えます。

使える教材

★手の中に入る小さい物
　消しゴムなどの小さい物を使って導入することができます。

導入例

「あります」
◆消しゴムを使ってクイズをする

【例】あります・ありません

　消しゴムを1つ持ち，学習者に見えないように後ろにし，消しゴムを左手に持ちます。手を握ったまま両手を学習者の方に出し，左右どちらにあるか聞きます。学習者が答えたあとに，左手を開いて「あります」，右手を開き「ありません」と言います。同じように，アメやコインなどの小さい物でもできます。また「ここにアメがあります。アメは右手にあります。」のように存在文の導入や所在文の導入もできます。

> 2つの紙コップのうち，1つには消しゴムを入れ，どちらに消しゴムがあるかクイズをするという方法もあります。

◆ビンゴゲームをする
【例】ありますか。ありませんか。
　まず，学習者にひらがな／カタカナ／漢字などの文字，あるいは数字を３×３のマスに書いてもらい，そのあと，ビンゴゲームを始めます。くじを引いて，教師が文字や数字を発表する度に「ありますか。ありませんか。」と学習者に聞きます。それらを繰り返すうちに，学習者から「あります」「ありません」という応答が出るのを待ちます。

「います」
◆出欠確認をする
【例】ワンさん，いますか。
　このように教師が出欠確認をします。ただし，休みの人がいないときにこの導入を使うと，全員が「います」になり，「いません」と対比ができないので注意が必要です。

《「あります」「います」の使い分け》

　黒板を２つに分け，左に「あります」，右に「います」と書きます。それから教師は１つずつ人や物を言っていきます。例えば，教師：「本，本があります。」このとき，黒板の「あります」の方に「本」と書きます。同様に「犬，犬がいます。」と言って「います」の方に「犬」と書きます。少し例を出してから「花」「鳥」「テレビ」「キムさん」「ケンさんの時計」「先生の友達」「妹の本」など物，人や動物などを教師が言い，学習者に規則を考えさせ「あります」か「います」かのどちらかで答えてもらいます。そして，黒板の正しい方にそれぞれの名詞を書きます。学習者が例文の中から規則を予測することで，徐々に使い分けがわかってくることでしょう。

> さらにもう一歩

「フォト・ランゲージ」

「あります・います」を使った活動に「フォト・ランゲージ」というものがあります。フォト・ランゲージとは、日本語で説明するスキルを身に付けるためのアクティビティです。まずペアを作り、AとBを決めます。教師はAに1枚の写真（イラスト）を見せ、記憶するように指示します。Aは自分が見たものを「あります・います」などを用いてBに日本語で伝えます。そしてBは質問をしながら、どのような絵だったかを考えます。最後にAが見たのはどんな写真（イラスト）だったかを、Bは日本語を使って発表します。絵を描いて発表してもよいと思います。写真やイラストは学習者のレベルに合ったものを用意してみてください。

外国語では？

英語

英語では有生・無生など関係なく存在文は"there ＋ be 動詞＋物・人＋場所"の形を使います。所在文では"物・人＋ be 動詞＋場所"という形を使います。日本語の「あります」「います」の使い分けが英語にはないので、それを注意して教える必要があります。

スペイン語

スペイン語では、haber と estar を使います。haber は新しい情報や不特定の人や物を言うときに使います。例えば、野良猫や外国人観光客などが「いる」ときや、レストランやバスの停留所などが「ある」ときに使われます。反対に、estar は古い情報や特定の人や物を言うときに使います。例えば、うちの子猫、フアン君などが「いる」ときや、マリア先生の家、中央広場などが「ある」ときに使われます。estar は単数の時では está、複数では están になります。有生、無生という区別がないので、その区別のための練習が必要でしょう。

フランス語

有生・無生という区別をしません。存在文は"il y a＋物・人＋場所"の形で表せます。所在文は，英語のbe動詞に相当するêtreを使い"物・人＋être＋場所"となります。

 ## ベトナム語

ベトナム語の「あります」「います」では有生・無生問わず，同じ言葉のcóを用いて表します。存在文は"場所＋có＋物・人"の形を使います。また，所在文は"物・人＋ở＋場所"の形で表せます。

 ## 中国語

有生・無生など関係なく形は同じなので，「教室に先生がありません」などと言わないように「あります」「います」の使い分けをよく練習した方がよいでしょう。中国語の存在文は"場所＋有＋物・人"の形で，新しい情報や不特定の人や物の存在を言うときに使います。所在文は"物・人＋在＋場所"の形で古い情報や特定の人や物の所在を言うときに使います。

 ## モンゴル語

「あります・います」の使い分けはなく，文末にбайнаなどを置きます。モンゴル語の存在文も所在文も，日本語の語順と同じですが，助詞の「は」「が」の使い分けはないので，この章の冒頭のような誤用も考えられます。

多くの言語では，有生・無生という区別をしないということがわかります。冒頭の見出しで学習者が間違えてしまったのはそのためでした。したがって「ある」「いる」の説明，練習は非常に重要だと言えます。また，存在文，所在文では使われる助詞が「は」と「が」とで異なるため，学習者が混乱しないためにも，十分な説明も必要でしょう。

4 い形容詞・な形容詞

【形容詞①】

誤用例

？マリア先生はきれい先生です。

　学習者が「い形容詞」と「な形容詞」を勉強したあとに，上のように誤ってしまいました。正しくは「きれいな先生」なのですが，なぜ「きれい先生」と言ったのでしょうか。

ポイント

❶「い形容詞」と「な形容詞」の用法
　日本語教育では，形容詞を「い形容詞」，形容動詞を「な形容詞」と呼びます。使い方も叙述用法，修飾用法の２つがあります。
　叙述用法は形容詞を使って，事物の様子・性質を述べます。例えば「このりんごはとてもおいしいです。」は叙述用法です。
　修飾用法は形容詞が名詞の前に置かれ，その名詞を説明します。例えば「りんごは赤い果物です。」は修飾用法です。

A　そのりんごはおいしいですか。

　　ええ、とてもおいしいですよ。　B

　このように叙述用法は両者とも事物を知っているときによく使われます。

A りんごって何ですか。

りんごは赤くて、丸い果物ですよ。 **B**

　このように修飾用法は相手が事物を知らずに，それを説明するときによく使われます。

> 「赤い果物」のように名詞の前が「い」なので，「い形容詞」，「元気な人」のように名詞の前が「な」になるので，「な形容詞」と呼ばれています。

❷「い形容詞」と「な形容詞」の活用

　「い形容詞」と「な形容詞」とでは，否定形や過去形の活用がそれぞれ違うので，注意して指導してください。例えば「い形容詞」の「寒い」は「寒いです・寒くないです・寒かったです・寒くなかったです」のように活用します。そして「な形容詞」の「元気だ」は「元気です・元気じゃないです・元気でした・元気じゃなかったです」と活用します。また，「な形容詞」の否定形は「元気ではありません」「元気ではないです」「元気じゃありません」「元気じゃないです」のようにさまざまな形があります。

> 一般的に話し言葉では「～じゃないです」がよく使われます。

❸「い形容詞」と「な形容詞」の留意点

　「きれいです」「ゆうめいです」「きらいです」はすべて「な形容詞」ですので，注意が必要です。冒頭の学習者も「きれいです」を「い形容詞」と誤ってしまったため，「きれいな先生」であるところを，「きれい先生」と言ってしまったと考えられます。

4　い形容詞・な形容詞【形容詞①】

また「多い」の修飾用法に関していうと、「多い」の前に名詞や助詞が置かれる場合は「昨日、友だちの多い人に会いました。」と「多い」で修飾できます。一方で置かない場合は「昨日、多い人に会いました。」ではなく、「昨日、多くの人に会いました。」となるので、注意が必要です。「近い」「遠い」も同様で、「駅から近いスーパーに行きましょう」は言えます。しかし、文頭に「近い」を使って「近いスーパーに行きましょう」と言った場合、不自然に聞こえてしまいます。というのは、名詞と助詞がないため「どこから近いか」がわからないからです。この場合「近くのスーパーに行きましょう」と言った方が文としては自然です。

> さらにもう一歩

❹感情形容詞と属性形容詞
　形容詞には大きく分けて感情形容詞と属性形容詞、2つあります。**感情形容詞は「嬉しいです」「痛いです」などのように感情・感覚を表す形容詞で**す。感情形容詞は「とても嬉しいです。」「頭が痛いです。」のように、自分のことに関して使います。主語が自分以外のときは「嬉しそうです。」「痛いようです。」などのようになります。**属性形容詞は「大きいです」「静かです」のように人や物の性質を表す形容詞で**、主語は誰でも何でも構いません。

❺形容詞導入時の注意点
　形容詞は、見てすぐにわかるものを使えば、簡単に導入できると考えがちです。例えば、富士山は3776メートルで日本人なら誰でも知っている日本一高い山ですが、さらに高い山のある国の学習者にとっては、「富士山は高い山です。」とは言いにくいものです。これと同様に、「カバンを買います。1万円です。高いです。千円です。安いです。」と導入しても、1万円のカバンなど買う人はごく稀だという国の学習者にとっては混乱するだけで、千円でも「高い」と思う学習者がいるかもしれません。
　味に関する形容詞も同じで、その国独特の味覚は「甘い」「辛い」などでは説明しにくい場合が多いものです。そのため、形容詞を導入する際は、学習者が理解しやすいように、基準が明確なものから取り上げていった方がよいでしょう。

使える教材

★絵カード……市販の形容詞の絵カードを使って，導入できます。
★[な][い]カード……修飾用法を教えるときに，目立たせて説明できます。例えば，「やす[い]時計」「きれい[な]花」のように文法説明します。

導入例

「い形容詞」

【例】大きいです・小さいです
　黒板に大きい丸と小さい丸を2つ書きます。大きい丸を指して「大きいです」，小さい丸を指して「小さいです」と教師が言います。

【例】長いです・短いです
　教師が長いひもと短いひもの先端だけを出した状態で軽く握り，それを学習者に引っ張ってもらいながら「長～い」「短い」と提示する方法です。

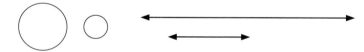

「な形容詞」

【例】ひまです
　教師が「明日は日曜日です。勉強しません。友達と遊びません。何もしません。」と言ってから，「ひまです。」と言います。

【例】きれいです
　教師が自分の町の写真を見せながら，話します。「これは私の町です。ここは公園です。花です。きれいです。」と提示します。他にも「静かです」「にぎやかです」なども写真やイラストを使って導入できます。

《「い形容詞」と「な形容詞」の使い分け》
　黒板を2つに分け，左に⑰，右に㊱と書きます。それから教師は1つずつ「い形容詞」や「な形容詞」を使った文を言っていきます。例えば，教師が「今日は寒いです。」と言います。このとき，黒板の「い形容詞」の方に「今日は寒いです。」と書きます。同様に「サクラはきれいです。」と言って「な形容詞」の方に「サクラはきれいです。」と書きます。少し例を出してからいろいろな「い形容詞」や「な形容詞」の文を教師が言い，学習者にどちらに入るか考えてもらいます。学習者がどちらに入るか考えることで，理解が進むことでしょう。修飾用法でも同じことができます。

- 今日はさむいです。
- Aレストランはおいしいです。

- サクラはきれいです。
- ふじさんはゆうめいです。
- Xさんはしんせつです。

[さらにもう一歩]
「3ヒントクイズ」
　形容詞が「物の状態や性質を説明するのに必要な品詞」ということを考えて，形容詞が定着したかを見るのに「3ヒントクイズ」というのがありますが，ここではちょっと違った方法をご紹介します。たとえば，〔白い・丸い・小さい〕という3ヒントから，どんな名詞を想像しますか。「雪」もOK，「キャンディー」という答えもあるでしょうし，「真珠」という答えもでるかもしれません。3ヒントとは言いながら，想像するものは人によって違い，これではゲームになりません。そこで絶対にこの形容詞でないと説明できないという名詞しか出さないということにします。たとえば，①雪，②真珠，③キャンディーが答えだとしたら，それぞれ①〔白い・冷たい・きれい〕，

②〔白い・高い・有名〕，③〔白い・甘い・丸い〕という説明をします。全部〔白い〕ですが，雪と真珠は〔冷たい〕〔高い〕で区別し，キャンディーは〔甘い〕で区別できるというわけです。初めから答えに迷わないように，でも，同じ形容詞を使うところから区別していく……ちょっと面白いけれど，意地悪なクイズかもしれません。ぜひ，いろいろ考えて試してみてください（213ページにクイズカードがあります）。

外国語では？

英語

英語では「い形容詞」「な形容詞」の区別がありません。ポイント❸にあるように，英語では"many people（多くの人）"と言えるので，それをそのまま適用して「多い人」と言ってしまう誤用がよくあります。

スペイン語

スペイン語では，すべて形容詞としてくくられています。また，形容される名詞が，女性名詞か男性名詞か，また単数か複数かによって，形容詞の語尾が変化します。形容詞が名詞を修飾するときは，基本的に"名詞＋形容詞"の順です。

フランス語

い形容詞，な形容詞という区別はありません。フランス語では，形容する名詞が女性名詞か男性名詞か，単数か複数かによって形容詞の形が変化します。日本語とは違い，修飾用法は基本的に"名詞＋形容詞"の順ですので，注意して教える必要があります。

ベトナム語

ベトナム語は日本語と違い，形容詞，動詞などに活用がなく，「い形容詞」

「な形容詞」のような区別もありません。また、基本的に修飾用法は"名詞＋形容詞"の順です。そのため、区別の仕方、活用の練習などが重要になることでしょう。

中国語

「い形容詞」「な形容詞」といった区別はありません。中国語の修飾用法では"形容詞＋的＋名詞"の形を取ることが多く、"的"を助詞「の」と覚えてしまい、直訳して「きれいの花」や「高いの時計」などの誤用が出てくることがよくあります。

モンゴル語

「い形容詞」と「な形容詞」の区別はありません。モンゴル語では、"зав（暇）"と"-тай（〜がある）"を合わせて"завтай（暇がある→暇だ）"のような、"-тай（〜がある）"の形の形容詞もあります。修飾用法の語順は日本語と同じです。またモンゴルの冬場は－30℃以下の日も多く、－10℃台では「今日はあまり寒くないですね。」というモンゴル人の会話も聞こえてきますので、気温を用いた導入には注意が必要です。

日本語では「い形容詞」「な形容詞」という区別をしますが、その区別がない言語が多くあるということを理解したうえで、授業時に「い形容詞」と「な形容詞」を分けて1つずつ導入した方がよいです。

コラム

モンゴル人学習者が親しみを持つ漢字

モンゴル人学習者にとって「興味」の「興」という字は，非常に親しみのわく漢字だそうです。なぜだと思いますか。実はこの「興」という漢字の形に秘密があります。遊牧生活をしているモンゴル人は，「ゲル "rɔp"」という移動式住居に住んでいます。もうおわかりの方もいると思いますが，「興」の漢字の形が，彼らの住むゲルにどことなく似ているのだそうです。確かにそう言われてみると，真ん中の部分はどことなくゲルのドアのようにも見えます。何気なく使っている漢字が，モ

【モンゴルのゲル】

ンゴル人にはこのように認識されるというのは，とても興味深いですね。

(高嶋)

5 「〜が好きです」
【形容詞②】

> **誤用例**
> ?私はスポーツを好きです。

　正しくは「私はスポーツが好きです。」なのですが，この学習者は「を」を使っています。なぜでしょうか。

ポイント

❶「好きです」の形
　「好きです」は「な形容詞」で，〈…は〜が好きです〉の形を取ります。主語は誰でも構いません。他にも「嫌いです」「上手です」「下手です」「得意です」「苦手です」なども同じ形を使います。「私はサッカーが好きです。」という文の「が」は対象を表します。

❷助詞の誤用
　「テレビを見ます。」「パンを食べます。」「本を読みます。」のように〈Nを〜ます〉の形の動詞を学んでから，「好きです」を学ぶと，冒頭のように「が」と言うべきところを「を」と言ってしまう誤用がよく見られます。さらに，「〜ます」と混同してしまい，「好きます」となってしまう誤りも見られます。

さらにもう一歩
❸直接的な言い方
　「嫌いです」「下手です」などの直接的な言い方は，聞き手に不快な印象を与える可能性があるので，「好きじゃないです」や「上手じゃないです」ま

たは,「あまり……」などの方がよいでしょう。

❹「上手です」の留意点

「私は〜が上手です。」は,聞き手に自慢をしている印象を与えるので,その点も注意し,指導しましょう。その代わりに,自分自身のことについては「私は〜が得意です」を使った方が好ましいと伝えてもよいです。また,目上の人や親しくない人を主語にして「○○さんは〜が上手です。」と言うのも,その人を評価しているような印象を与えるので,適切ではありません。

使える教材

★絵カード……導入例「◆絵を描く」で使えます。
★は が カード……「(主語) は 〜 が 好きです」を教えるときに,助詞を目立たせて説明できます。

導入例

◆自己紹介をする

【例】私は〜が好きです。

学習者同士でこれまで習ったことを使って,自己紹介をしてもらいます。例えば,「こんにちは。ケンです。イギリス出身です。誕生日は1月5日です。大学生です。」などです。そのあとに教師が自己紹介をし,学習者の自己紹介と何が違うか考えてもらいます。「こんにちは。田中です。東京出身です。誕生日は9月20日です。教師です。毎日コーヒーを飲みます。私はコーヒーが好きです。毎日ビートルズを聞きます。私はビートルズが好きです。毎週サッカーをします。私はサッカーが好きです。」などと「好きです」を使った例文をいくつか言い,学習者に何が違うかを答えてもらいます。

◆絵を描く

【例】好きです・好きじゃないです

黒板を2つに分け,左側に嬉しそうな顔,右側に嫌そうな顔を描きます。

そのあと、教師は1つずつ、名詞の絵カード（例えば「ヘビ」「ケーキ」「納豆」「犬」）を見せていき、教師自身が好きなものは、左の方にカードを貼って「好きです」と言います。反対に、好きじゃないものは右の方にカードを貼って「好きじゃないです」と言います。これを繰

り返して、学習者が「好きです」「好きじゃないです」の意味を推測していきます。教師以外にも、学習者に前へ出てきてもらい、絵カードを貼る方法もあります。絵カードは教えている国・地域特有のものを使っても面白いです。

[さらにもう一歩]
人称の主語をよく省略する日本語
　日本語は人称の主語をよく省略すると言われています。例えば、自己紹介で「私はキムです。私はカナダ出身です。私はおすしがとても好きです。どうぞよろしく。」のようにすべての文に「私は」を入れると、くどい印象を与えます。「キムです。カナダ出身です。おすしがとても好きです。どうぞよろしく。」のように、人称の主語を明らかにする必要がない場合、「私は」を取り除くことで、すっきりした文が作れると教えられます。

外国語では？

 英語

　日本語の「好きです」は「な形容詞」ですが、英語では動詞の like がよく使われます。日本語に直訳すると「〜を好む」となるのですが、日本語ではあまりこのようには言いません。また、「好きです」は「好きます」ではなく「好きです／好きじゃないです」となることをきちんと提示しましょう。

スペイン語

　動詞 gustar を使います。例えば"Me gusta el fútbol."を訳すると，「サッカーは私を魅了する」のようになり，主語はサッカーになります。このように，スペイン語と日本語とでは発想が違うので注意してください。好きなものが単数のときは gusta，複数のときは gustan に変化します。

 ### フランス語

　動詞の aimer を使います。aimer で「〜が好きだ」と「〜を愛している」両方を表すことができます。"Je t'aime（私はあなたを愛しています）"などがその好例です。aimer は動詞なので，「〜を好きます」とならないように注意して教えましょう。

 ### ベトナム語

　ベトナム語では「好きです」は thích を使い，主語は誰でもよいです。ただし，日本語とは違って，主語が省略されにくく，主語が誰かを言う必要があります。例えば，主語が"Tôi（私）"の場合は"Tôi thích 〜"となります。

 ### 中国語

　中国語では"喜欢"を使います。ポイント❷にあるように「〜を好きです」ではなく「〜が好きです」になるように説明した方がいいでしょう。

モンゴル語

　モンゴル語では「好きです」は形容詞 дуртай を使います。"дур（好み）"と"-тай（〜がある）"が合わさってできています。主語は誰でも構いません。ただし，дуртай を使うときは，日本語の「に」「で」を意味する与位格を名詞の後ろにつける必要があります。例えば"Би спортод дуртай.（私はスポーツが好きです）"の文では，д が「に」「で」を意味する与位格です。「私

はスポーツで好きです」と学習者が言わないように、助詞に注意させた方がよいでしょう。

　好みを言う場合、言語によっては動詞が使われます。そのため日本語の「好き」では、十分な活用の練習、使用する助詞の説明などが重要になってきます。

コラム

「漢字部分当て」

　まず、正方形の紙を用意し、横方向に 10 か所程度切り込みを入れ、その紙の中に、漢字 1 文字を書いた紙を入れます。そして、一枚ずつ切り込みをめくっていき、何という漢字か当てる活動を漢字学習でできます。このクイズで学習者は、漢字の部首や音符などのパーツに注目し、漢字の構造に気づくことができます。　　　　　　　　　　（高嶋）

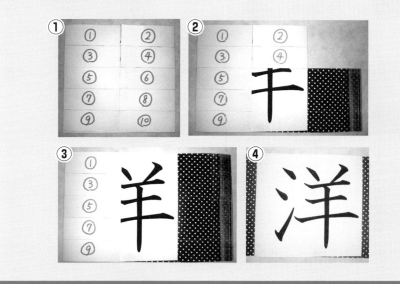

> **コラム**

カタカナの書き練習に何を使う派？

　カタカナの読み書き練習に何を使うのがお好きですか？

　読む練習には，チラシ広告やメニューなどのレアリアを活用なさる方も多いと思います。書く練習はどうでしょうか。

　私は今のところもっぱら地図派です。もちろん地図は読む練習にも使えますが，特に書く練習の際の鉄板アイテムとして白地図を利用します。地図そのものから学習者に書いてもらう場合もありますが，たいていは白地図をインターネットでダウンロードして使っています。海外で教える場合，その国の地図を描いてみる作業や，その国が含まれる地域，たとえばスーダンではアフリカ大陸の白地図を使い，国名を書いて完成させる作業などを行います。国名や地名が日本語でどう発音されるか，学習者は興味津々です。あまりの違いにざわめき，時にはふき出す学習者の姿をご存じの方も少なくないでしょう。

　現在私が担当する海外技術研修員の日本語クラスは，アフリカ出身者2名とアジア出身者2名です。まずはアフリカとアジアの地図を完成させてお互いの地域について親しんだ後，ヨーロッパや南北アメリカ大陸の地図なども完成させました。初めて知る国名や聞きなれない国名に驚いたり，それらが独立国家かどうかを熱心に調べたり，休憩時間も気に留めず楽しそうに作業を進めていました。

　「知らない世界を旅しているような気分になって，わくわくする！」などという学習者からの嬉しい反応が，いかにも単純な私を今日もまた地図派に強く引き寄せるのです。　　　　　　　　　　（内山）

「あげます」「もらいます」「くれます」

【あげもらい①】

誤用例

[?]ワンさんは私に水をあげました。

　学習者が授受表現を学んだあとに，このように言いました。あげもらい表現では学習者が混乱することがしばしばありますが，これは，多くの外国語では，日本語ほどあげもらいを表す動詞がないことも背景にあります。ここでは「あげます」「もらいます」「くれます」の3つを見ていきます。

ポイント

❶「あげます」と「もらいます」

　Aは「与え手」，Bは「受け手」，Nは「渡す対象物」とします。「あげます」は〈AはBにNをあげます〉の形で，「もらいます」は〈BはAに（から）Nをもらいます〉の形です。どちらもAからBへNが移動しているのですが，「あげます」の文では「Aがあげる」という動作に注目していて，「もらいます」の文では「Bがもらう」という動作に注目しています。つまり，注目する視点が違うのです。

　また，〈AはBにNをあげます〉の「に」は帰着点を表し，〈BはAにNをもらいます〉の「に」は出所を表します。「私」を使う場合は，〈私は～

さんにNをあげます〉〈私は〜さんにNをもらいます〉のように主語の位置でしか「私」は使えません。また,「渡します」や「受け取ります」とは違って,「あげます」と「もらいます」には「返ってこない」「受け取った人の物になる」という意味も含まれます。

❷ 「あげます」と「くれます」

　くれますは〈AはBにNをくれます〉の形で,NはAからBに移動します。Bには「私」や「私に関係ある家族など」だけが使えます。「AはBにNをくれます」の「に」は**帰着点**を表しています。また「あげます」の文では視点はAにあるのに対し,「くれます」の文では視点はBにあります。冒頭の見出し文はBに「私」が使われているので,「ワンさんは私に水をくれました。」と言うのが適切でした。

さらにもう一歩
❸ 「もらいます」と「くれます」の違い

　「ワンさんに水をもらいました」と「ワンさんは水をくれました。」は何が違うのでしょうか。例えば「私は『暑い』と言いました。そして,私はワンさんに水をもらいました。」は文としての座りが悪いのですが,「私は『暑い』

と言いました。すると，ワンさんは水をくれました。」は自然に聞こえます。このように「くれます」は主語が与え手であるため，主語の自発性といった意味合いを出すことができます。

❹かき混ぜ文

「ケンさんはマリーさんに花をあげました。」の文は，「マリーさんにケンさんは花をあげました。」「花をケンさんはマリーさんにあげました。」のように，語順を入れ変えることできます。このような文を**かき混ぜ文**と言います。世界の言語の中には，このように語順を入れ替えることができないものもありますが，日本語では，上の文のように文末が動詞ということ以外は，語順を自由に入れ替えることができます。これは「ケンさんは」「マリーさんに」のように，助詞が「誰が」「誰に」ということを明確にさせる働きを持っているからです。ですから，日本語ではこの助詞が非常に大切になってきます。指導するときは，助詞に注意して教える必要があります。

使える教材

★矢印カード……矢印を書いた紙を切り取ってカードにします。文型の説明をする際，これを使い「誰から」「誰に」ということを視覚的に注目させることができます。
★写真やレアリア……実物を使ってどのように移動するかを視覚的に理解できます。

導入例

「あげます」「もらいます」
◆プレゼントの授受をする
【例】プレゼントをあげました。プレゼントをもらいました。

まず，クラス内の学習者に誕生日を聞きます。次に，1番誕生日が近い学習者を取りあげて「来週は○○さんの誕生日です。」と言います。そして，その人にプレゼントをあげる動作をして，「おめでとうございます。」と言います。何人かした後で，教師が「Aさんは○○さんにプレゼントをあげまし

た。」と言い，導入します。「もらいます」の導入をする場合は，教師が「〇〇さんはAさんにプレゼントをもらいました。」とプレゼントをもらった学習者について言います。

「くれます」
◆親切な友達がものをくれる
【例】ケンさんは紙をくれました。

とても親切なケンさんを紹介します。「ケンさんはとても親切な友達です。」のように教師が言い，「私はノートを忘れました。ノートがありません。親切なケンさんはノートを忘れた私に紙をくれました。」と言います。このあと，「私は風邪です。今日ティッシュを忘れました。親切なケンさんは私にティッシュをくれました。 私は〇〇をなくしました。親切なケンさんは私に〇〇をくれました。」といくつか並べて意味を理解するためのヒントを出します。

《「あげます」「もらいます」「くれます」の理解活動》
教師が黒板に「私」「ケン」「マリー」と書きます。「私はマリーさんに花をもらいました。」と言って，黒板に「私←マリー」と書き，矢印で授受の方向を表します。同じように「ケンさんはマリーさんに時計をもらいました。」「マリーさんは私にペンをくれました。」などの例文を言い，学習者に矢印がどちらに向くかを考えるように言います。

外国語では？

 英語

「あげる」「くれる」は give，「もらう」は receive を使います。また英語では "I will get you this watch（私はあなたにこの時計をあげます）"，"I got a pen from Mary（私はメアリーにペンをもらいました）"，"She got me apples（彼女は私にリンゴをくれました）" のように，3つすべてを表現できる動詞 get もあります。

スペイン語

「もらう」は recibir でも表せますが，スペイン語では基本的に物の授受は「与える」という意味の動詞 dar を使います。そのため，「もらう」「くれる」は「彼は私に〜をあげます。」といった形で表現されます。学習者にとって日本語のあげもらい表現の使い分けは難しいと思われます。

 ## フランス語

基本的に物の授受は「与える」という意味の動詞 donner を使いますが，「もらう」は recevoir でも表せます。「あげる」「もらう」「くれる」を教えるときは，授受の方向を意識させた方がよいです。

 ## ベトナム語

「もらう」はベトナム語で nhận ですが，「あげる」と「くれる」は2つとも cho なので，最初の方は学習者が混乱しやすいかもしれません。

 ## 中国語

中国語では基本的に「与える」を意味する"给"で物の授受を表しますが，「もらう」は"得到"や"收到"などでも表すことができます。中国語話者の学習者にとってこれらの授受表現の使い分けは難しいため，日本語では「誰から」「誰に」ということをきちんと意識させる必要があるでしょう。

モンゴル語

「あげる」は өгөх，「もらう」は авах と，対応する言葉がありますが，「くれる」に当たる言葉がなく，「ケンさんは私にペンをあげました。」のように өгөх を使って「くれる」を表します。

日本語のあげもらいでは「あげる」「もらう」「くれる」などの動詞があり

ますが，上記の言語ではあげもらいを表す動詞の数は日本語ほど多くないです。そのため日本語では，「誰から誰に」という点に注意が向くよう指導することが重要だといえるでしょう。

> **コラム**
>
> **「なに」「なん」どう使い分ける？**
> 　漢字の「何」は「なん」と「なに」，読み方が2つあります。これら2つを使い分けるための簡単な覚え方があります。それは「た・だ・な・助数詞」です。**「何」のあとに，た行・だ行・な行，そして助数詞が来る場合は「なん」を使います。**例を見ていきましょう。
> 　た行では「何ちゃって」「何てことだ」「何と言いましたか」などがあります。
> 　だ行では「何だ」「何ですか」「何で」などが考えられます。
> 　な行の場合は「何なの」「何にも」「何の」などがあげられます。
> 　助数詞は「何枚」「何台」「何時」「何人」などのように数字を尋ねる場合です。
> 　それ以外は基本的に「なに」を使います。例えば，「何が」「何を」「何も」「何色」「何人」などです。ただし，「何曜日」は「た・だ・な・助数詞」に含まれないのですが，発音のしやすさから例外的に「なん」を使います。
> 　　　　　　　　　　　　　　　　　　　　　　　　　　　　（高嶋）

7 「〜てあげます」「〜てもらいます」「〜てくれます」

【あげもらい②】

誤用例

?夏休み中に，先生にお手紙を送ってあげます。

この学習者は悪気なくこのように言ったと思われますが，聞き手には恩着せがましい印象を与えてしまいます。本章では「〜てあげます」「〜てもらいます」「〜てくれます」を確認していきます。

ポイント

❶「〜てあげます」

「〜てあげます」は，基本的に誰かに親切なことをしてあげるときに使う表現です。ただし，冒頭のように目上の人に対して「夏休み中に，先生にお手紙を送ってあげます。」と「〜てあげます」を使うと，「私がわざわざ親切にしてあげている」という恩着せがましい印象を与えるので，注意が必要です。この場合「お手紙を送ります。」または謙譲語を使って「お手紙をお送りします。」などの表現が適切です。このように「〜てあげます」では，恩着せがましい文が出ないように，練習でも適切な場面を考える必要があります。

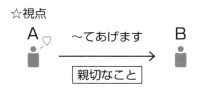

42

❷「~てもらいます」

「~てもらいます」は基本的に〈B は A に V てもらいます〉の形で,誰かに何か親切なことをしてもらうときに使う表現で,B の感謝の気持ちや,A に恩恵を受けるといった意味が加わります。また,可能形を用いて「~てもらえますか。」「~てもらえませんか。」と言ったり,「~てもらってもいいですか。」のように言ったりすることで依頼表現にもなります。例えば「ノートを見せてもらえますか。」「ペンを貸してもらってもいいですか。」などです。他にも,教師が「皆さんのノートを見せてもらいます。」のように指示する際にも使えます。

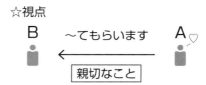

❸「~てくれます」

「~てくれます」では,動作の受け手として「私」や「私に関係ある家族など」だけが使えます。「~てくれますか」「~てくれませんか」のように依頼にもなります。

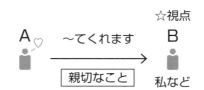

さらにもう一歩

❹助詞の留意点

「~てあげる」「~てくれる」文中の助詞は使われる動詞によって変化します。例えば,動作の影響が直接的に受け手に及ぶ「送る」「連れていく」「誘う」「呼ぶ」などの動詞の場合は「私はキムさんを駅まで送ってあげました。」「ケンさんは私をパーティに誘ってくれました。」などのように〈A は B を V てあげます/V てくれます〉となります。「貸す」「教える」などの動詞で

は「私はラオさんにペンを貸してあげました。」「林さんは私に日本語を教えてくれました。」のように〈AはBにVてあげます／Vてくれます〉の形になります。また、所有物や体の部分に動作の影響が及ぶ場合は「私は弟の服を洗ってあげました。」「ケンさんは私の宿題を手伝ってくれました。」のように〈AはB₁のB₂をVてあげます／Vてくれます〉となります。

❺「～てもらいます」と「～てくれます」の違い

「～てもらいます」も「～てくれます」もどちらも自分が恩恵を受けるときに使う表現なので、「私に日本語を教えてもらった。」のような誤用が出る可能性があるので、注意して教えましょう。正しくは「私は日本語を教えてもらった。」または「私に日本語を教えてくれた。」です。

さて、「～てもらいます」と「～てくれます」の違いですが、何か依頼するときは「～てくれませんか」より「～てもらえませんか」の方が丁寧だと言われています。また「私は『暑い』と言いました。そして、ワンさんに窓を開けてもらいました。」は文としての座りが悪いのですが、「私は『暑い』と言いました。すると、ワンさんは窓を開けてくれました。」は自然に聞こえます。このように「～てくれる」文は、主語が動作の与え手であるため、主語が自発的に何かをするといった意味合いを出すことができます。

「窓を開けてもらいました。」　　「窓を開けてくれました。」

使える教材

★矢印カード……物の移動がよくわかります。

導入例

「〜てあげます」
◆困っている友達を助ける場面を使う
【例】友達にロシア語を教えてあげました。
　ロシア語の宿題が難しくて，困っている様子の友達を紹介します。「私はロシア語ができます。友達にロシア語を教えてあげました。」と言います。

「〜てもらいます」
◆友達に助けてもらう場面を使う
【例】友達に日本語を教えてもらいました。
　日本語の宿題が難しくて，困っている自分を紹介します。「私は日本語を勉強しています。でも，とても難しいです。ネイティブスピーカーの友達がいます。『教えてください』と言いました。友達に日本語を教えてもらいました。」と言います。

「〜てくれます」
◆見知らぬ人が助けてくれる場面を使う
【例】近くにいた人が荷物を持ってくれました。
　大きな荷物を持って階段のところで困っている私という場面を説明し，「近くにいた人が荷物を持ってくれました。」と例文を出します。

◆友達が親切にしてくれる場面を使う
【例】ケンさんは料理を作ってくれました。
　まず教師が「先週末，私は風邪でした。一日寝ていました。」と言います。そして，前章でも出てきた親切な友達のケンさんを紹介します。「ケンさんはとても親切な友達です。」のように教師が言い「ケンさんは私の家に来て，料理を作ってくれました。」「ケンさんは私の家に来て，掃除をしてくれまし

た。」などと言います。このとき「私はお願いをしていません。」と付け加えれば、「〜てくれます」の主語の「自発性」といった意味合いを伝えられます。反対に、ケンさんの立場からは「友達が熱をだして寝ていましたから、ご飯を作ってあげました。」というように、友達にしたことについて「〜てあげました」を使って述べることもできます。

◆友達がパーティに友達を呼んでくれる場面を使う
【例】キムさんが友達をたくさん呼んでくれました。
　パーティに来る者が少なくて困っている私という場面を説明し、「キムさんが友達をたくさん呼んでくれました。」と例文を出します。

《「〜てあげます」「〜てもらいます」「〜てくれます」の理解活動》
　「あげます」「もらいます」「くれます」の使い分けと同じように矢印を書く確認練習ができます。

外国語では？

 英語

　対応する表現はありません。しかし、have や get などを使って「時計を直してもらった」「髪を切ってもらった」「財布を盗まれた」といったように訳せます。このように、文脈で「〜てもらう」と訳すか「〜される」と受身で訳すかが決まるので、日本語の「〜てもらう」とは違い、必ずしも恩恵や感謝の意味合いが含まれるわけではありません。

 スペイン語

　日本語の表現にぴったりと当てはまるものはありません。「きみに算数を教えてあげる。」と言いたくても、スペイン語では "Te enseño matemáticas.（きみに算数を教えます。）" としか言えません。「おじに空港まで送ってもらった。」と感謝を込めて言いたくても、"Mi tío me trajo para el aeropuerto.（おじが私を空港まで送りました。）" と表現上は統一されてし

まいます。気持ちは語調で，例えば「おじ（が）」の部分を強く言ったりして表現します。

 ### フランス語

対応する表現はありませんが，"se faire＋動詞"という形は，「髪を切ってもらう」「手伝ってもらう」「財布を盗まれる」「車にはねられる」などのように「〜てもらう」または受身で訳されます。どちらの訳し方になるかは文脈で決まるので，日本語の「〜てもらう」とは違い，恩恵や感謝の気持ちが必ずしも出る表現というわけではありません。

 ### ベトナム語

「〜てあげる」「〜てもらう」「〜てくれる」に完全に相当する表現はベトナム語にはありません。「〜てあげる」「〜てくれる」は cho または giúp を使い，「〜てもらう」は受身を表す được などを使って表すことができます。

 ### 中国語

中国語では「〜てあげる」「〜てくれる」に似た表現として，"给"があります。"给"は中国語では目上の人にも使われる表現のため，学習者が「〜てあげる」を多用する可能性があります。日本語の「〜てあげる」を使うと，聞き手に恩着せがましく聞こえてしまうということを説明する必要があるでしょう。また，"请"で「〜してもらうよう頼む」といった意味になります。

 ### モンゴル語

モンゴル語では，動詞の使役形は「〜てもらう」と訳せることがあります。そして，「あげる」「くれる」を意味する өгөx を使った"動詞の語幹 -ж（ч）＋ өгөx"で，「〜てあげる」「〜てくれる」などと訳せるので，作り方は理解しやすいです。しかし，これらの使い分けは難しいため，「誰から」「誰に」を意識させた方がよいでしょう。

言語によっては「～てもらう」は受身とも表現が共通することがわかります。また日本語では恩恵や感謝の気持ちを表すことができますが、他の言語では必ずしもそうでないので、それも合わせて説明しましょう。

コラム

左利きの学習者

　イギリスで成人の学習者にひらがなの「あ行」と「か行」を教えていたとき、ポーランド人の学習者から「私は左利きなのですが、文字が手で隠れてしまいます。どうしたらよいでしょうか。」と聞かれたことがありました。そのときは「どうしようもないですね。慣れるしかありません。」と答えたのですが、左利きの学習者が文字を書く場合、見本の字が左手で隠れてしまうということに、あとになって気づきました。ひらがなシートを作るにもちょっとした配慮が必要だということを教えてくれたできごとでした。　　　　　　　　　　　　　　　　　　（高嶋）

【右利きの人でも左利きの人でも見本が見えるひらがなシートの例】

コラム

「先生」ではなく「私」

　これは私が日本語教師養成講座で学んでいるときに先生から受けたアドバイスなのですが，日本語教師が自身を呼ぶ際，「先生」ではなく「私」を使った方が自然である（男性の場合は，「僕」や，場合によっては「俺」などでもよい）ということを教わりました。

　日本の学校教育のいわゆる「先生」像を持って日本語教師になってしまうと，自分を「先生」と呼ぶことに違和感を持たなくなってしまいます（実際私も当初はそうでした）。しかし，よく考えてみると（例えばほかの外国語に置き換えてみると），自分自身を「先生」と呼ぶのは不自然だし，やはり傲慢に聞こえてしまいます（さらに教室から離れた場面でも自分を「先生」と呼び続けたら，もはやそれはお気に入りの「ニックネーム」だといえるでしょう）。

　だから，たとえ初級クラスであっても，「お仕事は？」という質問に対しては「日本語の先生です」と言うのではなく，「日本語（の）教師です」と述べた方がよいと私は思います。というのは，たとえ同じ職業に就く人を指す言葉であっても，その2つのことばが内包する意味はあまりにも違いすぎるからです。そのため，初級レベルだからといって「先生」と「教師」ということばを，「先生」に統一することはできないでしょう。

　そして，そのような違いを知ることが，日本文化への興味や高度な知的好奇心につながっていくのだと思います。先生，（説明）頑張って！

（岩原）

8 自動詞・他動詞

【ヴォイス①】

誤用例

?時計を壊したので，直してください。

自然に壊れた時計の修理を依頼する際，学習者がこのように言いました。この文は何が変なのでしょうか。

ポイント

❶自動詞と他動詞

自動詞は，基本的に主語自らの動きです。一方他動詞は，基本的に主語が直接的に何かに対し，働きかけをする動きです。例えば「ドアが開きます。」は自動詞文で，「私はドアを開けます。」は他動詞文です。自動詞の場合「ドアが閉まります。」のように助詞の「が」が使われ，他動詞の場合「ドアを閉めます。」のように助詞の「を」が使われます。自動詞・他動詞を教えるときは，「～が閉まります」「～を閉めます」のように助詞と動詞をセットにして教えるのがよいでしょう。

さらに**他動詞では，動作主の存在や動作主の意図が加わります**。例えば，電車が出発する際に「ドアが閉まります。ご注意ください。」のように自動詞を使うと，車掌の存在が出ないように言えます。しかし出発間際に誰かが駆け込んで乗ろうとしたときは，他動詞を使って「ドアを閉めます。次の電車をご利用ください。」と言うこともできます。このように言うことで「"車掌である私"がドアを閉める」という意図を示し，乗客に注意を促すことができます。

自動詞の「閉まる」　　　　他動詞の「閉める」

❷冒頭の誤用

　冒頭の表現では他動詞が使われており，わざと壊したように聞こえるため，不自然です。「時計が壊れたので，直してください。」と自動詞を使った方が「何もしていないのに」という意味合いが出るので，自然に聞こえます。「壊れる」「壊す」の例文として，親子の以下の会話例も考えられます。

> 子　お母さん。このおもちゃ、壊れた。

> 親　いつも大切に使っていないからでしょう。
> 「おもちゃが壊れた」じゃなくて、
> 「おもちゃを壊した」でしょう。

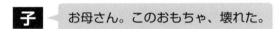

❸自動詞と他動詞の対

　自動詞と他動詞には，「始まる」「始める」のようにペアになっているものが，非常に多くあります。原則として，「始まる」「集まる」のように"-aru"の動詞は自動詞です。「始める」「集める」のように自動詞の"-aru"を"-eru"に変えると他動詞になります。「落とす」「壊す」のように"-su"は他動詞です。ただし，他にも規則は存在しますが，例外もあるので，❶で

記したように地道に助詞と動詞をセットにして覚えていくのが，学習法としては近道だと考えられます。

また「行く」「歩く」のように自動詞だけのもの，「食べる」「見る」のように他動詞だけのものもあります。「開く」「閉じる」のように自動詞としても他動詞としても使える動詞もあります。

使える教材

★ボール……自動詞・他動詞を目で見てわかる導入ができます。

導入例

◆ボールを使う①
【例】ボールが止まります・ボールを止めます
　ボールを転がして，自然に止まるまで待って「ボールが止まりました。」と言います。反対に，教師が手で止めて「私はボールを止めました。」を導入します。

自動詞の「止まる」　　　　　他動詞の「止める」

◆ボールを使う②
【例】ボールが落ちます・ボールを落とします
　机からボールを転がし，机からボールが落ちたときに「ボールが落ちまし

た。」と言います。反対に，教師が手からボールを離し「私はボールを落としました。」と導入します。

自動詞の「落ちる」　　　　　　他動詞の「落とす」

《自動詞と他動詞の確認》

　教師が「ボールが落ちます。」「ボールを落とします。」「車を止めます。」「車が止まります。」などの例文を言っていき，学習者が自動詞か他動詞かを判断する確認ができます。

外国語では？

 英語

　英語では，open, start, move, change のように自動詞・他動詞両方とも同じ形の動詞が多くあります。そのため，自動詞になるか，他動詞になるかは文で判断します。ペアになる自動詞・他動詞，自動詞だけのもの，他動詞だけのものもあります。また surprise が「驚かせる」，excite が「興奮させる」と訳せるように，感情の誘発を他動詞1語で表すことができます。

スペイン語

スペイン語では自動詞・他動詞の区別をします。また，他動詞に再帰代名詞 se をつけて，「自分自身が～する」と自動詞的な意味を持たせることができます。以下がその例です。

他動詞	再帰動詞
（誰かを）起こす　despertar	（自分が）起きる　despertarse
（何かを）洗う　lavar	（自分の体を）洗う　lavarse
（誰かを）楽しませる　divertir	（自分が）楽しむ　divertirse

フランス語

フランス語では自動詞と他動詞を区別します。また"再帰代名詞 se ＋他動詞"で，自動詞的な意味を持たせる代名動詞が作れます。例えば以下のようになります。

他動詞	代名動詞
（誰かを）起こす　réveiller	（自分が）起きる　se réveiller
（何かを）洗う　laver	（自分の体を）洗う　se laver
（誰かを）興奮させる　exciter	（自分が）興奮する　s'exciter

ベトナム語

ベトナム語には自動詞・他動詞を明確に区別するという概念が存在しません。例えば，「開ける」「開く」に該当する言葉はありますが，日本語と違って，「開ける・開く」のようなペアにはなっていません。

中国語

中国語では，自動詞と他動詞が同じ形のものや，ペアになっていないものが多いため，自動詞・他動詞の使い分けと言うことをはっきり意識しませ

ん。そのため，学習者にとっては難しい項目だと言えるでしょう。

 モンゴル語

　モンゴル語には自動詞も他動詞もありますが，他動詞と自動詞の使役形の境界線があいまいなので，日本語のようにきちんとした区別がありません。例えば，自動詞「行く」を意味する явах が変化した явуулах は「送る」や「行かせる」という意味になります。また，自動詞と他動詞の受身形の境界線もあいまいで，例えば，他動詞「閉める」を意味する хаах が変化した хаагдах は「閉まる」や「閉められる」といった意味になります。

　自動詞・他動詞の区別があるか，同形であるか，ペアになっているかなどは言語によってさまざまです。学習者が混乱して難しいと感じないためにも，時間をかけて練習していくことが重要だと考えられます。

9 受身

【ヴォイス②】

誤用例
?私の足は弟に踏まれました。

受身を学習したときに、学習者が言った表現です。しかし、このような表現は不自然に聞こえます。なぜでしょうか。

ポイント

❶受身の種類

受身は、何らかの動作やできごとがあり、その影響を受けた人・事物を主語にして述べる表現です。受身には大きく分けて直接受身、間接受身、持ち主の受身の3種類があります。基本的に受身は他動詞から作られますが、間接受身では自動詞からでも作れるのが日本語の特徴です。

❷直接受身

直接受身とは、対応する能動文がある受身のことで、直接的な影響を受けたときに使われます。例えば、能動文「兄は私を叱りました。」が受身文「私は兄に叱られました。」に、能動文「姉は私を誉めました。」が受身文「私は姉に誉められました。」になります。この文では、兄・姉が私にしたことを、私中心に表現しています。文脈から嫌な気持ちが

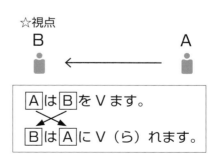

含まれているかどうかを判断します。

❸間接受身

間接受身は，対応する能動文がない受身のことで，間接的な影響を受けたときに使われます。嫌だったり困ったりする気持ちがあるときによく使われ，**迷惑の受身**や**被害の受身**とも呼ばれています。

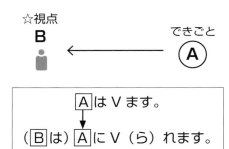

例えば，「雨が降りました。」が「(私は) 雨に降られました。」に，「弟はテレビのチャンネルを変えました。」が「(私は) 弟にテレビのチャンネルを変えられました。」になるように，何らのできごとによって間接的な影響を受け，迷惑をかけられたということを表します。

❹持ち主の受身

持ち主の受身は，物の所有者や体のある部分の所有主が主語になる受身です。所有者に嫌だったり困ったりする気持ちがあるときによく使われます。例えば，能動文「妹は私のチョコを食べました。」が受身文「私は妹にチョコを食べられました。」になるように，基本的に物の所有者や体の部分の所有者

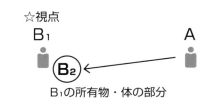

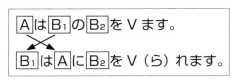

が主語になります。冒頭の文「私の足は弟に踏まれました」のように体の部分や物そのものを主語にして受身にすると，不自然に聞こえます。この場合，「私は弟に足を踏まれました。」の方が自然です。

> さらにもう一歩

❺非情の受身

　非情物を主語にする直接受身を「非情の受身」と言います。例えば，能動文「世界中の人々がマンガを読んでいます。」は，受身文「マンガは世界中の人々に読まれています。」になります。また能動文「人々は東京オリンピックを1964年に開きました」は，受身文「東京オリンピックは1964年に開かれました。」になります。東京オリンピックの例文のように，動作主が誰であるか特定するのが難しい場合は省かれることが多いです。非情の受身は，上の例文のように歴史的なできごとや一般的な事実などを述べる際に多く使われるため，「この本はワンさんに読まれました。」などのような受身文は不自然になるので注意が必要です。

　創作された物や破壊された物について述べるときは「モナリザはダヴィンチによって描かれました。」「この神殿はローマ軍によって壊されました。」のように「～によって」が使われます。また見た目で素材が判断できるものには「このイスは木で作られています。」のように「[材料]で」が使われ，見た目から素材が判断できないものには「ワインはブドウから作られています。」のように「[原料]から」が使われます。

使える教材

★絵カード……叱っている絵と，褒めている絵を用意し，直接受身の導入に使います。214ページに絵があります。

導入例

「直接受身」
◆出欠確認をする

【例】メアリーさんはケンさんに呼ばれました。

　学習者1人を教師役にし，出欠確認をしてもらいます。1人目の出欠をしたあと，教師は「ケンさんはメアリーさんを呼びました。」と言い，それを「メアリーさんはケンさんに呼ばれました。」と呼ばれた人を主語にし，受身で言います。これを何度か繰り返していきます。

◆姉に褒められている場面と兄に叱られている場面を提示する
【例】私はなくなった指輪を見つけたので，姉に褒められた。

　お姉さんが指輪をなくしたという状況を説明し「私はなくなった指輪を見つけました。そして，姉は私を褒めました」と言います。その後「私はなくなった指輪を見つけたので，姉に褒められた。」と「私」に主語を揃えて文章にします。同様に「指輪を探しているときに，兄のワイングラスを割ってしまいました。兄は私を叱りました。」と言いその後に「私はワイングラスを割ってしまったので，兄に叱られました。」と主語を揃え提示します。ただ単に「私は姉にほめられました。」「私は兄に叱られました。」と提示するよりも，具体的な文脈で提示した方が受身を使う必然性が高まります。

「間接受身」「持ち主の受身」
◆不運だった１日を話す
【例】私は姉にクッキーを食べられました。

　「運が悪かった１日」という題名で，教師が話をします。例えば「弟は私の時計を壊しました。私は弟に時計を壊されました。そして，姉は私のクッキーを食べました。私は姉にクッキーを食べられました。」などです。他にも自動詞を使って「（私は）雨に降られました。」なども挙げられます。

> 例文と言えども，縁起でもないこと，特に「怪我」「病気」「死」などを口にするのがタブーとなる文化の国もあるので注意してください。

「非情物の受身」
◆世界の国々を紹介する
【例】日本では日本語が話されています。

　まず日本に関するモデル文を教師が言います。例えば「日本では日本語が話されています。お金は円（¥）が使われています。そして，サクラは日本人にとても愛されています。」などです。これを他の国について言うとどうなるか，学習者に□の部分を考えてもらいます。他にも「坊ちゃんは夏目漱石によって書かれました／作られました。」なども使えます。

さらにもう一歩
《「〜てもらいます」「〜てくれます」との比較》
◆親切にしてもらった1日を話す
【例】マリアさんに時計を直してもらいました。
　「親切にしてもらった1日」という題名で，教師が話をします。そうすることによって，受身が持つ「迷惑」という意味と，「〜てもらう」「〜てくれる」が持つ恩恵の意味を比べることができます。例えば「私はマリアさんに時計を直してもらいました。」や「友達はクッキーを作ってくれました。」なども考えられます。

《受身文の理解活動》
　教師が黒板に「私」「ケン」「マリー」と書きます。例えば，「マリーさんはケンさんに叱られました。」と言って，黒板に動作をした「ケン」に丸を書きます。同じように例文を言い，学習者に動作をした人を考えさせます。

外国語では？

 英語

　英語では他動詞から受身を作るので，基本的には直接受身が使われます。"be動詞＋過去分詞"の形の受身や，"I had my camera broken." "I got my camera stolen." などのように have や get を用いた受身表現もあります。「驚いた」「興奮している」などのように人の感情や心理状態を言う場合，英語では受身形を使うことが多いので，日本語では受身ではないという説明も必要でしょう。

 スペイン語

　"ser/estar＋動詞の過去分詞" で受身を表します。直接受身や間接受身に当たるものがありますが，あまり用いられず，通常は能動文で表されます。持ち主の受身についても同様で，日本語では「私は弟におやつを食べられた。」と言いますが，日常の場面や話し言葉においては，「弟が私のおやつを

食べた。」と，動作主を主語にして表現する方が自然です。またスペイン語の受身は「聖家族教会はガウディによって設計された。」「この作品は1937年に描かれました。」などのように博物館や美術館における展示物の説明，ガイドの案内など改まった場面で用いられることが多いです。それから，主語を明確にしない無人称表現 se を使った受身相当の表現もあります。日本語の受身はどういうときによく使われるかをしっかり教えた方がよいでしょう。

 ## フランス語

　フランス語には直接受身，間接受身，持ち主の受身という区別はありませんが，さまざまな受身表現があります。一般的なものは"être+動詞の過去分詞"です。それ以外にも「財布を盗まれる」「車にはねられる」など言う場合に使われる"se faire+動詞"の形や，「人々は」「誰かが」などのように主語を明確にしない on を使った受身相当の表現，「自分自身が」を意味する再帰代名詞 se を使った代名動詞の受身相当の表現などがあります。これらは"être+動詞の過去分詞"の形とは違いますが，日本語に訳すときは受身文になります。日本語の受身表現は，動詞が受身形になるという説明が必要でしょう。

 ## ベトナム語

　受身はありますが，直接受身，間接受身，持ち主の受身という区分はなく，被害の受身と利益の受身で区別します。動詞が活用しないベトナム語では，受身を表すために，動詞の前に bị（迷惑の意味）や được（恩恵の意味）を置きます。例えば，「お金を取られた」は "Tôi bị trộm tiền."，「褒められた」は "Tôi được khen." となります。また，ベトナム語では「私の時計が壊された。」のような物を主語にした受身が言えます。

 ## 中国語

　中国語の受身文では"被"や"叫"，"让"などが使われます。これらを用

いて直接受身，間接受身，持ち主の受身に当たる文が作れます。"被"は文字通り被害や迷惑などを表すことが多く，話し言葉でも書き言葉でも使われます。"叫"と"让"は話し言葉でよく使われ，使役でもこれらが使われます。中国語では冒頭のように物や体の部分を主語にして受身が言えるので，その点もよく注意して指導した方がよいでしょう。

モンゴル語

　直接受身に当たる文を作るには，他動詞の語幹に"-(г)дах"などをつけて受身形にします。ただし，自動詞と他動詞の受身形の境界線があいまいです。また，使役形である"-уулах"や"-(л)гах"は直接受身を表すこともあり，これらの使役形を用いて持ち主の受身に相当する文を作ることができます。このようにモンゴル語は日本語と違い，受身と使役の形がくっきりと分かれていません。モンゴル語話者には，日本語は受身と使役の形がそれぞれ違うということを説明する必要があるでしょう。

　言語によっては使役とも形が共通していること，物を主語にできることなどを理解しておいた方がよいでしょう。その部分を踏まえ，導入する際はどのようなときに受身が使われるかを学習者に十分説明する必要があります。

コラム

訂正フィードバックの方法①

　学習者の産出した誤りに対して教師が提供するフィードバックのことを「訂正フィードバック」と呼びます。訂正フィードバックは口述式と記述式に分けることができます。口述型は文字どおり口頭で伝えるフィードバックのことで，記述型は書いて伝えるフィードバックのことです。本コラムでは口述型の訂正フィードバックを7種類紹介します（Lは学習者，Tは教師）。

①明示的訂正：正しい形を提供する明示的な訂正。
　例）L：歩きて

T:「歩きて」じゃないです。「歩いて」です。
②パラ言語的シグナル：ジェスチャーや顔の表情で誤りを知らせる訂正。
　例) L:歩きて
　　　T:(教師は首を横に振って誤りを知らせる)
③誘発：教師が学習者の発言を途中まで言い，正しい形を引き出す訂正。
　例) L:歩きて
　　　T:ある……？
④メタ言語的フィードバック：正しい形を言わずに，どうすれば正しい形になるかのコメントや情報を提供する訂正。
　例) L:歩きて
　　　T:「歩きます」は1グループ動詞です。
⑤リキャスト：学習者の発話から誤りを直して自然に発言するもの。
　例) L:歩きて
　　　T:ええ，歩いて。
⑥明確化要求：学習者に繰り返しや再構成を要求するもの。
　例) L:歩きて
　　　T:何ですか。もう一度お願いします。
⑦繰り返し：教師が学習者の発話を繰り返すもの。
　例) L:歩きて
　　　T:歩きて？

　①〜④は，明確に誤りだということを伝えるので「明示的フィードバック」といい，⑤〜⑦はそれとなく誤りだと伝えるので「暗示的フィードバック」といいます。このようにさまざまな種類がありますが，学習者のレベル，間違えた学習項目などを総合的に判断し，教師は適切な訂正フィードバックを瞬時に提供する必要があります。　　　（高嶋）

10 使役

【ヴォイス③】

誤用例

?美容院に行って、髪を切らせました。

美容院に行って、髪を短くしたことを学習者は伝えたいようなのですが、このような表現になってしまいました。なぜこのような文を作ってしまったのでしょうか。

ポイント

❶使役文の意味と形

基本的に使役は、Aの働きかけや作用によって、Bがある動作や変化をするということを表します。そして使役文は、自動詞・他動詞どちらからでも作れます。自動詞の使役文は〈AはBを 自動詞 （さ）せます〉の形です。「行く」「働く」「泳ぐ」などの自動詞では、Bの後ろに置かれる助詞として「に」も使えます。他動詞の使役文は〈AはBにNを 他動詞 （さ）せます〉の形です。

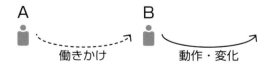

❷強制用法

目上の人が目下の人にある動作をするよう指示・命令するのが強制用法です。例えば「私は弟に窓を開けさせました。」は強制を表しています。一方「〜てもらう」を使うと「弟に窓を開けてもらいました。」となり、弟から恩

恵を受けたという意味が含まれます。冒頭の文ですが，恩恵を受けたということを強調して「美容院に行って，髪を切ってもらいました。」あるいは自分が切ったわけではないのですが「髪を切りました。」などと言うのが自然です。

❸放任用法と許可用法

　放任の用法は「そのままにしておく」という意味の使役です。「私が買い物をしている間，弟を公園で遊ばせておきました。」のように，放置を表す「〜ておく」と合わせて使われることも多くあります。

　使役には「自由に〜させる」という許可の用法もあります。例えば「弟が『携帯電話がない』と言ったので，私の携帯電話を使わせてあげた。」は許可です。「使わせてあげる」のように，使役形と「〜てあげる」「〜てもらう」「〜てくれる」は合わせてよく使われます。「母は私に買い物へ行かせました。」のように自動詞の使役文で「に」を使った場合，「私が行きたいと言ったから，私に行かせてくれた。」というように，許可の意味合いが出ます。

　また「(使役形)＋てください」「(使役形)＋ていただけませんか」のように使役形を使った依頼表現も作れます。「私に感想を聞かせてください。」「来週の予定を知らせてください」「ちょっと考えさせていただけませんか。」といったような依頼表現も考えられます。ただし，「2017年にA大学を卒業させていただきました。」のように，誰かに対して許可をもらう場面ではないのに「〜(さ)せていただきます」を使うと不自然に聞こえます。この場合「A大学を卒業しました。」「A大学を卒業いたしました。」などが適当です。「〜(さ)せていただきます」は，日本語母語話者でも過剰に使用している傾向があります。

❹誘発用法と責任用法

　誘発は直接的に何らかの働きかけや作用を与えたときに使います。例えば「私は友達を笑わせました。」「ケンさんはメアリーさんを泣かせました。」などです。感情を表す動詞を使って使役文を言う場合，誘発になることが多いです。

　責任の用法は変化や動作の原因を表すときに使われ，「すみません，長い間待たせてしまいました。」「友達に気を使わせてしまった。」などの文が考

えられます。

> 多くの初級の教科書で使役が登場しますが，このようにさまざまな用法があり，複雑な文型だと言えます。教師は知識としてこれらを知っておく必要がありますが，初級では全てを教える必要はないでしょう。

[さらにもう一歩]
❺受身文と使役文の違い
　「私は先生に怒られた。」「私は先生を怒らせた。」という2つの文があります。似ているように思えますが，何が違うのでしょうか。「私は先生に怒られた。」は，先生が「怒る」という動作をして，私が影響を受けたということを述べています。それに対し「私は先生を怒らせた。」は，先生の「怒る」という動作を私が引き起こしたということを述べています。同様に「私は友達に笑われた。」と「私は友達を笑わせた。」も似ている文ですが，述べていることは微妙に異なります。このような違いは56〜57ページの❷・❸と64ページの❶の図を比較して使うとよいでしょう。受身の図は，何らかの動作やできごとがあり，その影響を受けたことが可視化され，使役の図は，働きかけや作用によって，ある動作や変化が生じたことが可視化されるので，わかりやすくなります。

使える教材

★バイト先や家のイラスト…「強制」の用法で使えます。215ページにイラストがあります。
★ペープサート……登場人物を示すことができます。227ページに作成キットがあります。

導入例

「強制」
◆アルバイト先の後輩に命令を出す
【例】 私は後輩に掃除させました。

　まず、アルバイト先であるレストランの先輩という設定を学習者に与え、後輩に何か仕事の命令を出すように言います。いろいろ出たあと、教師が使役形にします。例えば「掃除して。」の場合は、「私は後輩に掃除させました。」となります。同時に、「～てもらう」を使って「掃除してもらいました。」と対比すると、使役の意味・用法がより明確になります。本書のイラストを使って「お客さんのいるテーブルに行かせた。」「掃除させた。」「お皿を洗わせた。」「窓を閉めさせた。」「花の水を換えさせた。」が言えます。

　同じように、家事をしない弟・妹（または年下の人）に命令を出すという場面でも導入ができます。本書のイラストを使って「服を洗濯させた。」「掃除させた。」「お皿を洗わせた。」「窓を閉めさせた。」「おもちゃを片付けさせた。」「花の水を換えさせた。」が言えます。

「許可」
◆人の要求に応えるかどうか話し合う
【例】 私は弟に携帯電話を使わせてあげます。

　教師が「みなさんの弟が『携帯電話がないから10分だけ使ってもいい？』と言ってきました。使わせますか。」などと質問し、「使わせる理由」「使わせない理由」を学習者に答えてもらいます。他にも「友達が『家がないから一週間あなたの家に泊まらせてください』と言ってきました。泊まらせますか。」「電話で後輩が『熱が37.2℃（99.0°F）あるので、バイトを休ませていただけませんか』と言ってきました。休ませますか。」「恋人が『あなたのご両親に会わせて』と言ってきました。会わせますか。」などもあります。

「放任」
◆ある場面でどうするか話し合う
【例】友達をそのまま寝させておきます。

　「許容」と同じように質問をします。例えば「友達があなたの家に遊びに来ました。しかし，友達は寝てしまいました。そのまま友達を寝させておきますか。」「あなたは犬を飼っています。その犬はあなたの部屋で走って遊んでいます。そのまま犬を遊ばせておきますか。」などの質問があります。

「誘発」
◆腹痛の演技をする
【例】私はみなさんを心配させました。

　教師は突然，腹痛の演技をします。そして学習者の表情を見て「私はみなさんを心配させました。」と言います。他にも，教師が大きい声で「わっ！」と言って「驚かせました。」などと導入できます。

「責任」
◆友達を待たせる場面を提示する
【例】すみません，待たせてしまいました。

　「お待たせ」は慣用表現になっていると説明してもよいでしょう。

外国語では？

 英語

　動詞の前に使役動詞を使って表しますが，英語の使役文では用法によって使う使役動詞が異なります。例えば，let は許可・放任を表し，make の場合は強制を表します。have は make と比べ強制の意味合いが薄れます。冒頭の学習者のように，英語では have を使って「髪を切ってもらう」と言えるため，注意が必要です。また surprise が「驚かせる」，excite が「興奮させる」と訳せるように，感情の誘発を他動詞 1 語で表現することができます。

スペイン語

　日本語のように，動詞自体が使役形に変化することはありません。スペイン語においては，その動詞自体に使役的意味を持つものもあります（54ページ「自動詞・他動詞」参照）。その他の動詞の場合，動詞の前に，使役を表す特別な動詞，強制を表す hacer や許可・放任を表す dejar などを置いて使役を表します。

フランス語

　フランス語には他動詞が使役的な意味を持つものもあります。強制用法の場合は動詞 faire，許可・放任用法の場合には動詞 laisser を使い，その後ろに動詞を置きます。また，"se faire+ 動詞"の形で「～てもらう」と訳せるので「髪を切ってもらう」「手伝ってもらう」などと言うときはこの形を使います。

 ## ベトナム語

　動詞の前に bắt，khiến，cho phép，để などを付けると，使役になります。例えば，bắt は強制を表し "Mẹ bắt tôi ăn rau." は「母は私に野菜を食べさせた。」という意味になります。khiến は誘発や責任などの因果関係を表すときによく使われ，"Anh ta khiến tôi phải suy nghĩ." は「彼は私に考えさせた。」となります。cho phép は許容を表し，"Bố cho phép tôi đi du học." は「父は私を留学させてくれた。」と訳せます。また để は "Hãy để tôi yên." が「1人にさせて。」と訳せるように，放任の用法でよく使われます。

中国語

　使役文では"叫"は強制，"让"は許可・放任の用法でよく使われます。ただし，これらは「～するよう働きかける」ということを意味し，実際に動作や変化をさせたかまではわかりません。また，"叫"と"让"は受身形でも使われるので，混同しないよう日本語の受身と使役の意味・用法，形をそ

れぞれきちんと教える必要があるでしょう。加えて"使"は誘発の用法でよく使われます。

モンゴル語

動詞の語幹に"-уулах"や"-(л)гах"などをつけて使役の形にします。「髪を切ってもらう」「医者に診てもらう」などと言うときは、"-уулах"を使います。また、"-уулах"や"-(л)гах"は受身としても使われます。「自動詞・他動詞」でも述べたように、モンゴル語の場合、他動詞と自動詞の使役形の境界線はあいまいで、日本語のように明確な区別はありません。

使役形は、言語によっては他動詞や受身形とも共通していることが把握できます。そのため、学習者に教える際は、それぞれの用法に対して明確な場面設定をし、練習にも多くの時間を割いた方がよいでしょう。

コラム

「私の国はどう書きますか」

漢字の学習をしているとき、「米」「独」「仏」「露」などと書くと学習者の反応はいろいろです。まず、「えっ？ 何ですか。」と聞きますが、この漢字一つ一つが国の名前を表していると説明すると、「どうして？」「なぜ、アメリカとか、ドイツとか書かないんですか。」と本当に不思議そうな顔をします。「せっかくカタカナを覚えたのに、どうして使いませんか。」などなど。でも、必ずと言っていいほど学習者が最後にするのは、「私の国は漢字でどう書きますか」という質問です。そしてそれを知ると、一様に嬉しそうな顔になります。ある学習者は得意そうにノートの表紙に国名「西」と書き、その後に自分の名前を書いていました。方角を表す「西」が読めるようになったのはもちろん、自国が「西」と書き表すことができることを理解してから漢字に対する興味が一気に湧いてほかの漢字も積極的に読むようになりました。

非漢字圏の学習者にとって漢字は難しい学習項目ですが、興味が持てる何かに出会えばスイッチが入ると確信したエピソードです。　　（関）

コラム

訂正フィードバックの方法②

「訂正フィードバック」とは，学習者の誤りに対して教師が提供するフィードバックのことです。62~63ページでは口述型の訂正フィードバックを紹介しました。本コラムでは記述型の訂正フィードバックを紹介します。

①直接的訂正フィードバック：正しい形を直接的に学習者に伝える訂正。
　例：私　歩きて学校に　来ました。
　　　∧　　↳い
　　　は

②間接的訂正フィードバック：誤りがあることを伝えるが，正しい形は伝えない訂正。
　例：私　歩きて学校に　来ました。
　　　∧　──

③メタ言語的訂正フィードバック：エラー・コードや短い文法説明を用いて誤りを知らせる訂正。
　例：私　歩きて学校に　来ました。
　　　∧　──
　　part. form　　　　　　　　＊part.：助詞（particles），form：活用

④フォーカスト訂正フィードバック：特定の言語形式だけに焦点を絞った訂正。
　例：私　歩きて学校に　来ました。
　　　∧
　　　は　　　　　　　　　＊この場合，助詞だけに焦点を絞っています

⑤再構成：教師が誤りを含んだ文を自然な文になるように書き直す訂正。
　例：私　歩きて学校に　来ました。
　　⇒私は歩いて学校に　来ました。

これらの訂正方法は単独でも使用できますし，組み合わせて使うこともできます。作文指導において，どのような訂正フィードバックが適切なのかを意識しながらフィードバックを提供してみてください。（高嶋）

11 普通体

【文体・スタイル①】

> **誤用例**
> ?明日，映画見るか？

　学習者が普通体を学んだあとに，このような不自然な疑問文を作ってしまいました。普通体で質問をする際は「映画見る？」が自然です。本章では普通体を見ていきます。

ポイント

❶冒頭の誤用
　普通体の疑問文は「明日，映画見るか？」ではなく「明日，映画見る？」が適切です。このとき，文末のイントネーションは上がります。冒頭の学習者は，文末に「か」をつければ，疑問文になると思って，「行くか」と言ってしまったと考えられます。終助詞「か」は，「見ますか」のように丁寧体の疑問文のときに使われます。

❷普通体と丁寧体
　日本語では，親しい人，友達，家族，目下の人などに対しては普通体を使うことが多いです。反対に，親しくない人，目上の人，お客さん，公式の場などでは丁寧体を使います。**「体」はスタイルのことで，フォーマルな文体か，カジュアルな文体か，などの意味で使われます。**

❸普通形
　動詞，い形容詞，な形容詞，名詞文にはそれぞれ普通形があるので，覚える必要があります。**「形」はフォームのことで，活用の形を意味します。**つ

まり普通形は，普通体にするための活用形を表します。動詞の場合「見る・見ない・見た・見なかった」となります。い形容詞の場合「寒い・寒くない・寒かった・寒くなかった」となり，な形容詞の場合「元気だ・元気じゃない・元気だった・元気じゃなかった」で，名詞の場合は「学生だ・学生じゃない・学生だった・学生じゃなかった」となります。

[さらにもう一歩]
❹助詞の省略
　会話では「は」「が」「を」などの助詞を省略することが多いです。例えば，「私は映画が好きだから，毎晩映画を見る。」は「私映画好きだから，毎晩映画見る。」と言えます。冒頭の誤用例でも「映画を見る？」が「映画見る？」と「を」が省かれています。ただし「大学の図書館で友達と勉強する。」は「大学，図書館，友達，勉強する」とは言えません。「は」「が」「を」などは省くことができますが，他の助詞は省くと意味がわからなくなるので基本的に省略されません。

> 「見て。この花，きれい。」のように，「この花」の部分を特別に際立たせないで話を切り出すときなどは無助詞になることが多くあります。

❺終助詞「よ」「ね」「よね」
　丁寧体でも普通体でも「明日，試験だよ。」「明日，試験ですね。」などのように終助詞の「よ」「ね」「よね」を含んだ表現がよく使われます。詳しくは176〜181ページをご覧ください。

❻ます形のメリット・デメリット
　日本で生活している学習者は，この普通体を習ったときに，「なぜもっと早く教えてくれなかったのか。」と言うことが多いです。その理由として，日本語話者が話している普通体での会話の意味はわかっても，使えないことに不満を持っているからだと考えられます。
　多くの日本語の教科書では最初に「ます形」を取り上げてから，「辞書形」

を提示しますが,「ます形」を最初に出す利点と欠点としては,次のようなことが考えられます。

[利点]
・丁寧なので,どの場面でも,どの人に対しても使えて,失礼にならない。
・「〜ます」「〜ません」「〜ました」「〜ませんでした」などのように,活用が単純である。

[欠点]
・「ます形」では辞書が使えない。
・普通体を使った会話に参加できない。

使える教材

★ペープサート……相手によって文体を使い分けるということがよくわかります。227ページに作成キットがあります。

導入例

◆新入生をご飯に誘う

【例】昼ご飯食べた？

　日本語のクラスに新入生が来て,その人をご飯に誘う場面を設定します。
A→自分　B→新入生　C→自分の友達　とします。

A　もう昼ご飯を食べましたか。

B　いいえ、まだです。

A　いっしょに昼ご飯を食べませんか。

B　いいですね。

そこに C が来ます。

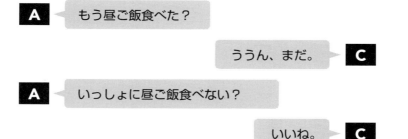

このように，丁寧体と普通体を対比させます。
　他にも，趣味を聞いて誘う場面も考えられます。

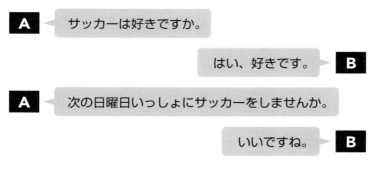

そこに C が来ます。

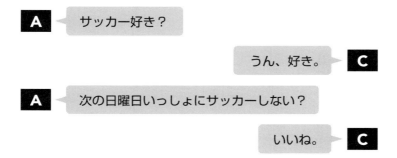

他にもさまざまな例文が使えます。

さらにもう一歩

❶普通体を使った日記

　日本語では日記は普通体で書かれます。そのため、普通体を学習したあと、学習者は普通体を使って日記を書くことができます。例えば「今日は午後6時まで学校で勉強した。家に帰って、夕食を食べた。ハンバーグはとてもおいしかった。テレビを見て、シャワーを浴びて、寝た。明日は友達に会う。いっしょに映画を見たい。」などです。自分が書いた日記を教室内で発表するという活動もできます。

❷アニメが与える普通体への影響

　日本のアニメをよく見ている日本語学習者は、普通体をうまく使うことが多いです。むしろ丁寧体で話しているときに、普通体が混じってしまうことに注意する必要があります。また、普通体の方が、表現に男女差があり、「〜ね」「〜よ」「〜の」「〜だわ」「〜だろう」「〜だぜ」などのように、文末のバリエーションにも富むため自然に使いこなすレベルになるのは難しいようです。普通体を導入する際にはこれらの点に気をつけましょう。

外国語では？

英語

　「〜していただけますか」を意味する"Could you 〜?"、"Would you mind 〜?"や、または「〜してもよろしいですか」という意味になる"Could I 〜?"などの表現は丁寧さが増します。しかし、英語では、動詞や形容詞などの形は丁寧さとは関係ないため、学習者はきちんと日本語の普通形を覚える必要があります。

スペイン語

　日本語とまったく同じではありませんが、丁寧な表現、くだけた表現があります。例えば、「あなた」を意味する言葉は、親しい人の場合は tú（vos）、親しくない人の場合は usted を使い、それらの人称によって動詞の活用も

変化します。ただし，どの二人称が使用されやすいかは，個人差や国による差なども大きいです。

 ### フランス語

「あなた」と言うとき，身内や友人など親しい人に対しては tu を使い，目上の人や親しくない人に対しては vous を使います。どちらの「あなた」を使うかで，動詞の活用が変化します。

 ### ベトナム語

動詞や形容詞の活用はないので，動詞や形容詞の普通形・丁寧形といった区別はありません。しかし，くだけた表現，丁寧な表現という考え方はベトナム語にもあり，そのどちらを使うかは年齢や親疎関係などによって判断します。例えば，日本語では自分の両親に対してくだけた表現を使いますが，ベトナム語では両親に対しては丁寧な表現を使う家庭も少なくないです。また，「私」「あなた」などの人称代名詞が細かくあり，年齢や性別によってそれらを使い分けます。

 ### 中国語

中国語では，丁寧さを出すとき，使う表現や単語などを変えます。例えば，「あなた」を意味する"你"は，目上の人だと"您"になります。しかし，動詞や形容詞には活用がないため，「ます形」や「辞書形」のような形はなく，親しくない人でも，先生でも，家族でも，友達でも同じ動詞・形容詞の形を使います。

 ### モンゴル語

モンゴル語には丁寧な表現があります。人称に関して言えば「あなた」を意味する чи は，目上の人になると та になります。しかし，「ごはんを食べましたか。」「ごはん食べた？」などのような動詞・形容詞の形の区別はあり

ません。

他の言語と見比べることで，日本語は文体によって活用形が変わる言語だということがわかります。普通体の単元では，場面を切り替えながら導入したり，練習したりすることで，丁寧体との比較ができます。

コラム

「うんうん」「おいくつですか？」

「人の話を最後まで黙って聞くべきだ」と子供の時から教えられてきたベトナム人は，「うんうん」「そうですか」「なるほど」など日本人が会話中に打つ相槌を「早く話を終わらせてください」と解釈して，会話を妨げられていると感じることが多いです。そのため，相槌は「あなたの話を聞いていますよ」というメッセージになることを初級の段階から意識的に指導する必要があります。

一方，初対面なのにベトナム人の相手に年齢を聞かれて驚いたと日本人の知り合いが言うのをよく聞きます。年齢の話はタブーで，聞かれると不快な思いをする方が多いからでしょう。しかし，実はそれは礼儀正しく接するために訊ねているのです。さん付け呼称のようなものはベトナム語にはありません。日本語では「ナムさん」だけでも，ベトナム語では，その「ナム」という人の性別および年齢によって人称代名詞が変わります。ナムさんが女性で，自分と同年代，あるいは自分より少し年上の場合は"chị Nam"，自分より年下の場合は"em Nam"，自分より遥かに年上の場合は"cô Nam"または"bà Nam"と呼ぶことになります。年上の相手を"em"と呼んでしまうと失礼に当たるので，見た目や雰囲気で相手の年齢を判断しづらい場合，ベトナム人は必ず年齢を訊ねるわけです。

「この人は失礼だ」と決めつけずに，その背景にある文化を知って，違いを楽しむことの大切さを伝えるのも，語学教師の使命だと思っています。

（チャン・ティ・ミー）

コラム

授業態度が悪い学習者

　これは青年海外協力隊員だったAさんの話です。とある国で年少者に日本語を教えていたAさんは、授業態度が悪いひとりの学習者に頭を悩ませていました。授業中アメをなめたり、ガムを嚙んだりするその学習者に、どう生徒指導すればよいか考えていたそうです。叱るという方法もありましたが、効果がないと思い、あまり叱りたくなかったそうです。そこで、Aさんがとった行動は、単純なものでした。態度が悪いその学習者の前に行き、「Aさんがガムを嚙んでいると、私は授業に集中できなくて、困る。」と素直に自分の気持ちを言ったのでした。しばらくすると、その学習者は嚙んでいたガムを口から出し、そのガムをティッシュに包んだのです。ただ教師が叱るのではなく、「自分の行動が他人に影響を与えるのだ」と学習者自らが考える機会を作るのも、大切な指導法のひとつだと気づかせてくれるエピソードでした。　　（高嶋）

12 尊敬語

【文体・スタイル②】

> 誤用例
> ?父は家にいらっしゃいません。

尊敬語を学習したあとの学習者の発言です。尊敬語は学習者にとって何が難しいのでしょうか。

ポイント

❶敬語の種類

敬語には尊敬語，謙譲語Ⅰ，謙譲語Ⅱ，丁寧語，それから美化語の5つがあります。基本的に，尊敬語は立場が上の人の動作や状態を敬うときに使い，謙譲語は自分や自分と同じグループの人の動作や状態を謙るときに使います。謙譲語について詳しくは86～90ページで解説しています。丁寧語は「～です」「～ます」のように聞き手や読み手を考慮して丁寧に述べるときに使われ，美化語は「お金」「お寿司」のように，ものやことを美化して述べるときのことばです。

敬語は主に次の3つの要素が関係します。

第一に，「ウチとソト」です。ソトの人に対して，ソトの人の動作や状態を言うときは尊敬語を，ウチの人の動作や状態を言うときは謙譲語を使います。例えば，ソトの人に自分の父親について話すと

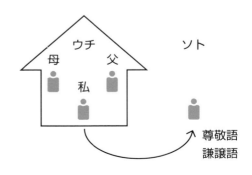

【ウチとソト】

きは自分の父親の動作や状態を高めません。つまり，ソトの人と話すときは，ウチの人を高く扱わず，謙譲語を使います。ソトの人との応対で，正しくは「父は家におりません。」のはずが，冒頭のように「父は家にいらっしゃいません。」と言ってしまう誤用もあります。このようにウチとソトの関係が理解できていないと，敬語を間違えてしまう可能性があります。これは会社内，会社外でも同様です。

第二に，**上下関係**です。目上の人の動作や状態を高めたり，自分やウチの人の動作・状態を低く扱うことにより目上の人を高めたりします。

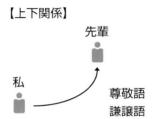

第三に，**親疎関係**です。親しくない人に対しては敬語を含む丁寧体を使います。丁寧体・普通体に関しては，72ページをご覧ください。

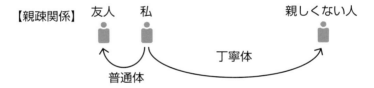

このように日本語の敬語は**場面によって使い分ける**ので，相対敬語と呼ばれます。反対に場面によって使い分けるのではなく，話し手と聞き手の年齢や社会的地位などで使い分ける敬語は絶対敬語と呼ばれます。

❷尊敬語

尊敬語は，人の動作や状態を高く扱うことによって，その人への敬意を表します。尊敬語には次の3つの形があります。

1 「～（ら）れます」
2 「お（ご）～になります」
3 特別な形

1，2は元の動詞の形を少し変えたものです。1の「～（ら）れます」は受身と同じ形です。3は元の動詞とは形がまったく違うため，覚える必要があります。

> さらにもう一歩

❸尊敬語の歌
　特別な形の尊敬語が覚えられる歌です。年少者の学習者は楽しみながら覚えることができます。歌うのを嫌がる成人学習者の場合は，メロディは付けずに，早口言葉のように言って覚えられます。

メロディ　♪10人のインディアン
[1番]
行きます　来ます　いらっしゃいます
食べます　飲みます　召し上がります
言います　言います　おっしゃいます　全部　尊敬語

[2番]
見ます　見ます　ご覧になります
します　します　なさいます
くれます　くれます　くださいます　全部　尊敬語

❹二重敬語
　「先生がお話になられました。」のように「お話になります」と「～（ら）れます」の２つの尊敬語を同時に使うことを二重敬語と言います。誤用ですから注意して教えましょう。正しくは「先生がお話になりました。」や「先生が話されました。」です。ただし「召し上がる」「見える」は尊敬語ですが，「お～になる」と合わせた「お召し上がりになります」「お見えになります」は日本語として定着しているようで，誤用ではありません。

❺「～てください」の尊敬表現
　指示と勧めの「～てください」を尊敬表現で言うと「お（ご）～ください」になります。例えば「ここにお名前をお書きください。」「どうぞ，お先にお

食べください。」などです。依頼の「〜てください」の場合は，「〜ていただけませんか」「〜てくださいませんか」などの方が好ましいです。

使える教材

★ペープサート……目上の人を上にあげたり，目下の人を下にさげたりして，上下関係を表せます。227ページに作成キットがあります。

導入例

◆尊敬語を使った丁寧体と普通体を比べる

【例】もうお昼ご飯を食べられましたか。

　普通形・丁寧形で紹介した導入例を尊敬語で使います。場面を学校に設定してA→自分　B→後輩　C→先輩とし，次のように導入します。

A　もう昼ご飯食べた？

B　いいえ、いただいていません。

A　いっしょにどう？

B　いいですね。

そこにCが来ます。

A　もうお昼ご飯を食べられましたか/召し上がりましたか。

C　ううん、まだ食べていない。

A　ごいっしょにいかがですか。

C　いいね。

◆先生にインタビューする
【例】休日は何をされていますか。
　校長先生や先生にインタビューするというレポートの課題が出たという場面を設定し，学習者にどんな質問をしたいかを考えてもらいます。いろいろな質問を出してもらったあとに，教師が尊敬語を使った質問にします。
　上のインタビューと同じ質問を友達にするという設定で，尊敬語を使った丁寧体と普通体との違いを確認しておくと，理解しやすくなるでしょう。

外国語では？

 英語

　英語では，"Could you ～?"，"Would you ～?" などの表現は「～してくださいませんか」の意味で丁寧さが増しますが，動詞の形は丁寧さとは関係ないため，学習者はきちんと尊敬語の形を覚える必要があります。

 スペイン語

　日本語と同じ意味・用法の尊敬語はありませんが，動詞 "poder（～できる）" の過去未来形を使った "¿Podría ～?（～してくださいませんか）" などの言い回しは丁寧な表現になります。また，親疎の間柄において，会話の相手を指す「きみ」とより丁寧な「あなた」の2種類で使う動詞の活用が変わってきます。それ以外の代名詞（彼，彼女など）は，すべて動詞の活用は同じです。つまり，ペットのことを話そうが，国王のことを話そうが，動詞は変わりません。ただし，日本語でも「死ぬ」を「亡くなる」と言い換えるように，スペイン語にもいわゆる教養語は存在します。

 フランス語

　普通体で書いたように，フランス語では「あなた」と言うとき，目上の人や初対面の人に対しては vous を使います。また，動詞の条件法を使うことで丁寧になります。例えば，動詞の "pouvoir（～できる）" と "vouloir（～

したい)"の条件法を使った"Pourriez-vous～?""Voudriez-vous～?"は「～してくださいませんか。」となるように丁寧な依頼表現になります。

★ ベトナム語

ベトナム語には、いくつかの特別な形の尊敬語があるので、ベトナム語話者にとって尊敬語と言う概念はわかりやすいでしょう。例えば、「死ぬ」を意味する chết は、hi sinh や khuất núi になったり、「教える」を意味する dạy は、dạy dỗ や chỉ bảo になったりします。普通体・丁寧体でも触れたように、ベトナム語では、身内と話すときでもその人が年上ならば、丁寧な表現を使う家庭も少なくないです。

中国語

中国語では、動詞の形では敬意を表さず、使う表現や単語などによって尊敬を表します。例えば、「あなた」と言う場合、目上の人には、"你"の代わりに"您"を使います。また、"请"を使って「どうぞ～ください。」"您能不能～?"で「～していただけませんか。」とも言えます。

モンゴル語

モンゴル語には、尊敬の意味合いを含む語彙や表現がいくつかあります。例えば、「手」を意味する гар は、мутар（御手）になったり、「食べる」を意味する идэх は、改まった場面では зооглох（召し上がる）になったりします。また、「あなた」と言う場合、目上の人に対しては чи の代わりに та を使います。そのため、尊敬語の概念は理解しやすいと思われます。

他の言語にも尊敬表現はあるのですが、日本語のように細かく形が決まっているわけではないようです。そのため、敬語の単元では、どのような場面で使用され、どのような表現が適切か、ということに焦点を置き、指導した方がよいでしょう。

13 謙譲語

【文体・スタイル③】

誤用例

?先生からそのお話をお聞きになりました。

敬語を学習したあとの学習者の表現です。学習者にとって何が難しいのでしょうか。見ていきましょう。

ポイント

❶謙譲語

謙譲語を敬意の対象で分けると，謙譲語Ⅰ，謙譲語Ⅱの2つになります。

謙譲語Ⅰは，自分やウチの人の動作や状態を低く扱うことによって，その受け手を高めるときに使われます。例えば，食前の「いただきます」は，元来自分を低く扱うことで，食べ物そのものや，目の前のご飯にかかわった全ての人に対して，感謝と敬意を示すことから生まれた表現だと言われています。

謙譲語Ⅱは，自分やウチの人の動作や状態を，聞き手や読み手に対して丁寧に述べるときに使われます。例えば「申す」「参る」「いたす」「存じている」「おる」などは謙譲語Ⅱです。

謙譲語には，2つの形があります。
1 「お（ご）〜します」のように元の動詞の形を少し変えるもの

2　特別な形を使い，元の動詞とは形がまったく違うもの
　２は覚える必要があります。

❷尊敬語と謙譲語の混同
　尊敬語と謙譲語を混同した誤用が見られます。例えば冒頭のように「先生からそのお話をお聞きになりました。」と言ってしまう誤用もあります。正しくは「先生からそのお話をお聞きしました。」または「先生からそのお話を伺いました。」です。つまり，聞くのは自分なので謙譲語が正しいのですが，尊敬語を使ってしまったのです。

[さらにもう一歩]
❸謙譲語の歌
　特別な形の謙譲語が覚えられる歌です。

メロディ　♪ 10 人のインディアン
[1番]
行きます　来ます　参ります
食べます　飲みます　いただきます
言います　言います　申し上げます　全部　謙譲語

[2番]
見ます　見ます　拝見します
します　します　いたします
行きます　聞きます　伺います　全部　謙譲語

❹二重敬語
　「お伺いします」は謙譲語の「伺います」と「お～します」を同時に使っていて二重敬語のように見えますが，謙譲表現として，定着してきているようで，誤りではありません。

使える教材

★ペープサート……目上の人を上にしたり，目下の人を下にしたりして，上下関係を表すことができます。227ページに作成キットがあります。

導入例

◆謙譲語を使った丁寧体と普通体を比べる

【例】今晩メールでパーティの場所と時間をお送りします。

尊敬語の導入のように，場面を学校に設定して
A →自分　B →後輩　C →先輩　とし，以下のように導入します。

A　今週の土曜日の午後、パーティがあるんだけど、いっしょにどう？

B　はい、ぜひ伺いたいです。

A　じゃあ、今晩メールで待ち合わせ場所と時間を送るね。

そこに C が来ます。

A　今週の土曜日の午後、パーティがあるんですが、ごいっしょにいかがですか。

C　うん、行きたい。

A　では、今晩メールで待ち合わせ場所とお時間をお送りしますね。

> パーティの部分は，セミナーや食事会など学習者にとって身近なものに変えてみるのもよいでしょう。

◆学校の先生とアポイントメントを取る
【例】メールをお送りしました。

　学校の先生にレポートについて相談するため，そのアポイントを取るという場面を設定し，そのときにどんなメールを送るか考えてもらいます。学習者に考えてもらったあとで，教師が謙譲語を使った文章を提示します。例えば，「○○学部の○○と申します。○○先生にお目にかかり，○○についてお話を伺いたく，メールをお送りしました。○月○日から○月○日の間で，ご都合のよい日時を教えていただけませんか。どうぞよろしくお願いいたします。」などの文章が考えられます。

外国語では？

 英語

　尊敬語で書いたように，英語には決まった丁寧表現を使うことによって謙譲を表します。例えば"May I〜?""Could I〜?"などの表現は「〜してもよろしいでしょうか。」という意味になり丁寧さが増します。

 スペイン語

　許可をお願いするとき，動詞"poder（〜できる）"の過去未来形を使った"¿Podría 〜 ?"で「〜してもよろしいでしょうか。」といったような非常に丁寧な表現ができます。このようにスペイン語にはいくつかの決まった謙譲表現がありますが，日本語ほど多くは存在しません。

フランス語

　定型表現を使ったり，動詞を条件法にしたりすることで，丁寧な意味合いを出すことができます。例えば，動詞の"pouvoir（〜できる）""vouloir（〜したい）"や"aimer（〜を好む）"などを条件法にすることで"Pourrais-je〜?（〜してもよろしいでしょうか。）""Je voudrais〜（〜いたしたいのですが。）""J'aimerais〜（〜させていただきたいのですが。）"といった丁寧な表現になります。

 ## ベトナム語

　謙譲語として，いくつかの特別な形の動詞があります。例えば，「あげる」を意味するchoはbiếuになったり，「（両親の）面倒を見る」を意味するchăm sóc（cha mẹ）はphụng dưỡngに，「言う」を意味するnóiはthưaになったりします。

 ## 中国語

　謙譲を表すために決まった表現や単語などを使います。例えば，"我可以〜吗？"は日本語に訳すと「〜してもよろしいでしょうか。」となります。

 ## モンゴル語

　モンゴル語には，いくつかの謙譲表現があり，例えば「あげる」を意味するөгөхは「差し上げる」を意味するбарихとなったり，「言う」を意味するхэлэхは，「申し上げる」を意味するайлтгахになったりします。尊敬語と同じように，謙譲語も概念は理解しやすいでしょう。

　尊敬表現と同様に，他の言語にも謙譲表現はあるのですが，日本語のように細かく形が決まっているわけではないようです。また尊敬語と謙譲語との混同もよく見られますので，1つずつ整理して説明していきましょう。

コラム

依頼表現の丁寧度

「〜てもらう」「〜ていただく」「〜てくれる」「〜てくださる」を使った依頼表現はさまざまあります。例として以下のものが考えられます。

「〜てもらえる？」「〜てもらえない？」
「〜てもらえますか。」「〜てもらえませんか。」
「〜ていただけますか。」「〜ていただけませんか。」
「〜てくれる？」「〜てくれない？」
「〜てくれますか。」「〜てくれませんか。」
「〜てくださいますか。」「〜てくださいませんか。」

これらを丁寧度で並べると以下のようになります。

高　　「〜ていただけませんか。」「〜てくださいませんか。」
　　　「〜ていただけますか。」「〜てくださいますか。」
　　　「〜てもらえませんか」「〜てくれませんか。」
　　　「〜てもらえますか。」「〜てくれますか。」
　　　「〜てもらえない？」「〜てくれない？」
低　　「〜てもらえる？」「〜てくれる？」

　一般的に否定の疑問形の方が肯定の疑問形より丁寧であると言われています。というのは，否定の疑問形は相手に対し婉曲的に動作の可否を尋ねているからです。そしてこれらの依頼表現の練習では，場面設定が重要になってきます。例えば，公的な場面か私的な場面か，相手は初対面の人か親しい人か，目上か目下かなどです。

　ことばには場面に合った適切な表現形式が存在します。したがって，教室外で学習者が良好なコミュニケーションを構築できるよう，ある場面においてどう言うのが好ましいのか，または好ましくないのか，などもきちんと説明するのが，教師に期待される役割の1つであると考えます。

（高嶋）

14 「[自動詞] ています」「[他動詞] てあります」

【テンス・アスペクト①】

誤用例
?さいふが落としてあります。

「[自動詞] ています」「[他動詞] てあります」は学習者にとって何が難しいのでしょうか。見ていきましょう。

ポイント

❶「～ています」と「～てあります」の違い
自他の対応がある動詞では、基本的に「～ています」は自動詞を使い、見たままの結果の状態を言い表すときに使います。一方、「～てあります」は基本的に他動詞を使います。こちらも状態を言い表しますが、他動詞を使っているため、動作主の存在や動作主の意図も聞き手に伝わります。

❷冒頭の誤用
冒頭の「さいふが落としてあります。」という表現は、「[他動詞] てあります」で、形は正しいのですが、「誰かがわざと落とした」というように聞こえるので、不自然に聞こえます。見たままの状態を述べる「[自動詞] ています」の形を使い「さいふが落ちています。」と言った方が自然に聞こえます。

さらにもう一歩
❸「～てあります」
「～てあります」は、すでに学習した「Nがあります」の文をさらに詳しく説明した表現だとも言えます。それまでは「テーブルの上に本があります

す。」としか言えなかったのが「テーブルの上に本が並べてあります。」というように「どのように」なのか、さらに詳しく述べることができます。この文は他動詞を使っているので、「誰かが置いた結果」という動作主の存在や意図も含まれます。さらに「[他動詞] てあります」の文では、「（私は）先生に明日休むことを伝えてあります。」のように動作主が明らかなものも作れます。

使える教材

★ボール……「[自動詞] ています」で、目で見てわかる導入ができます。
★町のイラスト……「[自動詞] ています」の導入で使えます。216ページにイラストがあります。

導入例

「[自動詞] ています」
◆ペンを使う
【例】ペンが落ちています。
　机からペンを転がし、机からペンが落ちて、完全にペンが止まったときに、「ペンが落ちています。」と言います。

◆空から町を見る
【例】窓が開いています。
　町の写真やイラストを学習者に提示し、見えているものを描写する導入です。俯瞰から見ることで、自分では何もできない状態を作り出します。学習者は見えているものをそのまま言うしかないので、必然的に自動詞を使うことになります。「あ、窓が開いていますね。」「人が集まっています。」「木が折れています。」「ベンチが汚れています。」「車が壊れています。」「傘が落ちています。」などと、導入する文型を使って見える状況を説明していきます。

「[他動詞] てあります」
◆図書館の本を使う
【例】本に大学のハンコが押してあります。

　学習者に図書館の本を提示します。そして教師が「本に大学のハンコがあります。大学の職員が押しました。」と言います。そして教師が「本に大学のハンコが押してあります。」と言います。「本に大学の名前が書いてあります。」「本にシールが貼ってあります。」などのように他の文でも作れます。

◆教室にあるものを使う
【例】「本に名前が書いてあります」「本が並べてあります。」「本が入れてあります。」

　最初に他動詞で文を作ります。

　「本に名前を書きました。」「本を机の上に並べました。」「かばんに本を入れました。」などの文を言って動作をします。そして、「10分経ちました。えっと、先ほど、本に名前を書きましたね。あ、書いてあります。」と言って、先ほど他動詞で作った文を、状態について説明する文に替えていきます。

　「本を机の上に並べましたね。」「はい、並べてあります。」
　「かばんに本を入れましたか。」「はい、入れてあります。」

外国語では？

 英語

　"be 動詞＋形容詞，過去分詞" で結果の状態を表せます。また「(人) は～した。」の形を使って動作主による動作の完了を表せます。

 スペイン語

　"estar ＋過去分詞" の形を使い結果の状態を表せます。動作主による動作の完了を表すときは「(人) は～した。」の形を取ります。

フランス語

"être+ 過去分詞"で結果の状態が表せ,「(人)は〜した。」の形で動作主による動作の完了を表せます。

ベトナム語

状態の継続に重きを置く場合は"đang 〜"が使われ,変化や動作主による動作の完了に重きを置く場合は"(đã) 〜 rôi"が使われます。

中国語

状態の継続を表すには"〜着"が使われ,変化や動作主による動作の完了を表すには"〜了"が使われます。

モンゴル語

"〜 байна"で状態を表せますが,動作主による動作の完了を表す場合は「(人)は〜した。」の形を取ります。

　上の言語では「(自動詞)ています」「(他動詞)てあります」と完全に対応する文法事項は見られないため,それに類似した表現を使うことが多いようです。

15 「〜ておきます」
【テンス・アスペクト②】

> **誤用例**
> ?学生がまだ教室にいるから，電気をつけます。

　上の見出し文では「〜ておきます」がないため，不自然に聞こえます。「〜ておきます」をどのように教えればよいのでしょうか，詳しく見ていきましょう。

ポイント

❶「〜ておきます」の用法

　「〜ておきます」は意志動詞（→ 122 ページ）と共に使われ，目的や理由などを考えて，ある動作をするということを表します。主に①準備，②保持，③措置の用法があります。①準備は前もって行う動作を表します。例えば「このあと授業があるから，電気をつけ<u>ておきます</u>。」といったものです。②保持はある状態をそのまま保つことを表します。例えば「学生がまだ教室にいるから，電気をつけ<u>ておきます</u>。」といったものです。冒頭の見出し文が不自然に聞こえるのは，保持を表す「〜ておく」がなかったからだと考えられます。保持の用法では「そのまま」ということばと共に使われることが多いです。③措置はその場面で必要な動作をするということを表します。例えば「授業が終わったから，電気を消し<u>ておきます</u>。」といったものです。

> 「置く」と「〜ておく」を合わせた「置いておく」も，正しい形だと明示的に伝えた方がよいです。

> さらにもう一歩

❷「～ておきます」と「～てあります」

　「～ておきます」と「～てあります」は似ているように思えますが，意味合いが異なります。例えば「掃除してあります。」は誰かが掃除した結果の状態を表していますが，「掃除しておきます。」の場合は「このあと人が来る」「旅行でしばらく家を空ける」など，何らかの目的や理由があり，それを考えてある動作をするということを表しています。

　また「掃除してあります。」はすでに掃除が済んだ状態を表しますが，「掃除しておきます。」はこれから掃除をするので，掃除はまだされていません。このように同じ「～ます」の形を使っていますが，それぞれの状態は異なります。「掃除しておきました。」のように「～ました」の形を使うと，掃除が済んだことを表します。

使える教材

★絵教材……次ページのイラストのような絵教材から「～ておく」が，視覚的にわかる導入ができます。

導入例

◆友人の訪問場面を設定する（準備）

【例】友達が来る前に，掃除しておきます。

　友達が家に遊びに来るという場面を設定し，そのためにどのような準備をするか学習者に話し合ってもらいます。その後，例として教師が「掃除します。友達が来る前に，掃除しておきます」と「～ておきます」を使って言っていきます。以下同じように学習者から出てくる文を「～ておく」で提示していきます。

◆換気の場面を設定する（保持）

【例】ドアを開けておきます。

　開いた状態の教室のドアを指さし，「きれいな空気を入れたいので，少しドアを開けておきます。」と教師が説明し，保持の「～ておく」を導入します。

◆冷蔵庫の食材が無くなりそうな場面を設定する（措置）

【例】バターを買っておきます。

　冷蔵庫の中を開け，バターが無くなりそうだと説明し，「バターを買っておきます」と導入します。

◆イラストを使う

【例】このあと授業をするから，電気をつけておきます。

　下のイラストを参照してください。この絵教材では，「～ておく」の3つの用法を，それぞれの場面から提示できます。

【「～ておく」の3つの用法】

外国語では？

 英語

　「～ておく」は，will などの意志を表す助動詞を使って表せます。「～ておいた」は動詞の過去形を使います。また保持の場合は leave などが使えます。

スペイン語

スペイン語では,「〜ておく」は動詞の未来形,「〜ておいた」は動詞の過去形を使います。保持の場合は, dejar などが使えます。

 ### フランス語

フランス語では,「〜ておく」は動詞の未来形を使い,「〜ておいた」は動詞の過去形を使います。また保持の場合は laisser などが使えます。

 ### 中国語

「〜ておいた」のように準備の完了を表す場合は"〜了"を使い,保持を表す場合は"放"などの動詞と共に"〜在"や"〜着"を使います。中国語では,文意によって使われる表現が変わってきます。

 ### ベトナム語

ベトナム語では,前もって何かをするという意味を表す場合は動詞と共に"〜 sẵn"あるいは"〜 trước"を使います。保持を表す場合は"cứ (để) 〜"を使います。

 ### モンゴル語

「〜ておく」は動詞の現在形を使い,「〜ておいた」は動詞の過去形を使います。

このように,外国語では「〜ておく」と完全に対応する文法項目はなく,文脈によって使われる表現は変わってくることが把握できます。

16 「〜たところ」「〜たばかり」

【テンス・アスペクト③】

> **誤用例**
> ？先週，この靴を買ったところです。

「〜たところ」と「〜たばかり」はどちらも動作の直後を表しますが，何が違うのでしょうか。見ていきましょう。

ポイント

❶「〜たところ」と「〜たばかり」の違い

「とてもきれいな靴ですね。」と言われたときの返答としては「はい。先週，買ったところですから。」よりも「はい。先週，買ったばかりですから。」の方が自然に聞こえます。これは「〜たところ」は物理的な動作の直後しか表せないのに対し，「〜たばかり」は「あまり時間が経っていない」という心理的な動作の直後を述べることができるからです。そのため，日本に来て1週間の人でも，3か月経っている人でも，話し手が「来てから時間が経っていない」と感じているなら，「来たばかり」と言うことができます。つまり「〜たばかり」は，物理的な時間とは関係なく，話し手の気持ち次第ということになります。

さらにもう一歩

❷「〜ところです」

「〜ところです」は，動詞の形を変えて，さまざまな動作の局面を表せます。例えば「朝ご飯を食べるところです。」「朝ご飯を食べているところです。」「朝ご飯を食べたところです。」のように，動作の直前，最中，直後を表します。「朝ご飯を食べたところです。」は食べ終わった直後という客観的

「食べるところです。」　「食べているところです。」　「食べたところです。」

事実を述べています。

❸「～ばかりです」

「～ばかり」は，「朝ご飯を食べたばかりです。」のように使える動詞は「た形」だけです。この文も朝ご飯を食べたあとの状態なのですが，「あまり時間が経っていない」という話し手の主観的な気持ちも含まれています。

使える教材

★ペープサート……2人の会話で使えます。227ページに作成キットがあります。

導入例

「～ところ」
◆友達から電話がかかってくる
【例】ご飯を食べたところです。
　教師が「ご飯を食べます。」と言います。そこで友達から電話がかかってきます。「すみません，今からご飯を食べるところです。ちょっと待ってください。」と言い，ご飯を食べ始めます。そして，食べているときに，友達

からまた電話が来ます。「すみません，今，食べているところです。もうちょっと待ってください。」と言います。そして，ご飯が終わったところに，また友達から電話が来ます。「今，食べたところです。話しましょう。」と言います。

「〜ばかり」
◆靴がきれいな理由を考える
【例】先週，買ったばかりですから。
　こちらも2人の会話を使います。
　「とてもきれいな靴ですね。」
　「はい，先週……。」
　なぜ靴がきれいなのか，学習者にこのあとに続く文章を考えてもらいます。「買いました。」「洗いました。」などの答えが出たら教師は「〜たばかりですから」の文を使って言います。

さらにもう一歩
◆ご飯に誘う場面を提示する
【例】A：「いっしょにご飯を食べに行きませんか。」
　　　B：「すみません，食べたところなんです。／すみません，食べたばかりなんです。」
　実際に食べたあとで，お腹がいっぱいであることは同じですが，食後間もない状態で，満腹なのでいっしょに行けない場合は「食べたところ」が使えます。
　一方で，食後間もない状態で，さらにその人と食べに行きたくないという感情がある場合は「食べたばかり」が使えます。というのは，「〜たところ」は物理的な動作の直後を表すのに対し，「〜たばかり」は心理的な動作の直後を表すからです。そのため1時間前に食べたとしても，いっしょに食べに行きたくない場合は「〜たばかり」が使えます。

外国語では？

 英語

動作の直後を表すときは"have (just) 〜"のように現在完了を使います。

 スペイン語

"acabar de〜"で動作の直後を表します。

 フランス語

動作の直後は"venir (juste) de〜"で表せます。

 ベトナム語

「たった今〜した」を意味する"vừa〜"，"mới〜"などを用いて，動作の直後を表します。

 中国語

「たった今〜した」を意味する"刚〜"，"刚刚〜"を使って，動作の直後を表せます。

モンゴル語

"дөнгөж сая（動詞の語幹）-аад байна"で「たった今〜した」の意味になり，"（動詞の語幹）-аад удаагүй байна"で「〜して間もない」という意味になります。

他の言語では，動作の直後を言うのに，複数の使い分けがなく，物理的な直後か主観的な直後かは関係ないことが見てとれます。

17 連体修飾

【従属節①】

> **誤用例**
> ?昨日買った**の**本は面白いです。

　正しくは「昨日買った本」なのですが，冒頭の学習者はこのような不自然な文を作ってしまいました。どうしてこのような表現になったのでしょうか。

ポイント

❶連体修飾

　日本語では「私が買った本」のように〈修飾節・被修飾語〉の順になります。修飾節中の動詞は基本的に普通形を使います。修飾節と被修飾語の関係は以下のように多様です。例えば「私が買った本（私は本を買った）」「本を買った鈴木さん（鈴木さんが本を買った）」「本を買った10月（10月に本を買った）」「本を買った書店（書店で本を買った）」などのように，さまざまな語が被修飾語になります。このように，修飾節と被修飾語の間に格（「を」「が」「に」「で」などの）関係が見られるものを**内の関係**といいます。一方で，「本を買った記憶」のように，修飾節と被修飾語とに格関係が見られないものを**外の関係**といいます。

　言語によっては，修飾節と被修飾語の間に関係詞などを置く必要があります。冒頭の学習者は，修飾節と被修飾語をつなげるために「の」が必要だと考え，「買ったの本」になってしまったのだと考えられます。

❷修飾節内の助詞

　「私が買った本」のように修飾節中は基本的に「が」が使われますが，「私

の買った本」のように「の」で置き換えられる場合もあります。ただし「私の友達の買った本」だと「の」が2度出現し意味がわかりにくくなるので,「私の友達が買った本」の方が適切だと言えます。連体修飾節内の「が」については165ページをご覧ください。

> さらにもう一歩

❸結果の状態を表す連体修飾

結果の状態を表す連体修飾の場合「〜ている N」「〜た N」の両方が使えます。例えば「メガネをかけている人」「メガネをかけた人」は,同じ状態の人を指しています。しかし「メガネをかけている人」の場合,「今現在,メガネを身につけている人」のことを表しています。また「〜ている」は習慣も表すので,「コンタクトを使わずに,いつもメガネを使っている人」という意味合いも出ます。一方で「メガネをかけた人」の場合,「メガネをかける」という動作がし終わった人のことを表しています。特に,「かける」「履く」「着る」「被る」などの着脱動詞では「〜ている N」「〜た N」の両方が使えます。

> 使える教材

★絵カードと円グラフ……連体修飾には被修飾語を説明したり,限定したりする働きがあることを示せます。絵カードは225ページにあります。

> 導入例

◆お金の用途を円グラフで示す

【例】2万円は友達と遊ぶお金です。

仮に10万円あったとしたら,その金をどう使うか,連体修飾を使いながらその用途を言います。例えば「6万円は旅行をするお金です。」「2万円は服を買うお金です。」なども考えられます。学習者が考えても

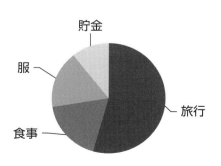

17 連体修飾【従属節①】

よいでしょう。金額は学習者の国の物価に合わせて調整してください。

◆ 1 日の予定を話す
【例】7 時から 8 時は朝ご飯を食べる時間です。

　ある学習者の 1 日の予定を絵カードを用いながら話します。例えば「7 時から 8 時までは朝ごはんを食べます。7 時から 8 時までは朝ご飯を食べる時間です。」「9 時から 5 時までは日本語を勉強します。9 時から 5 時までは日本語を勉強する時間です。」などのように導入できます。

外国語では？

 英語

　語順は〈被修飾語・修飾節〉です。代表的な関係詞として that, which があります。被修飾語が人の場合は who などが使われます。時を表す名詞を修飾する場合は when, 場所を表す名詞を修飾する場合は where が使われます。

 スペイン語

　語順は〈被修飾語・修飾節〉です。関係詞は, que が使われます。人が被修飾語の場合は quien が使用されます。時を表す名詞を修飾するは cuando, 場所を表す名詞を修飾する場合は donde が用いられます。

 フランス語

　語順は〈被修飾語・修飾節〉です。被修飾語が主語の場合, 関係詞は qui を使い, 被修飾語が目的語の場合は que を使います。また時や場所を修飾する場合は où が使われます。他にも被修飾語の前に前置詞 de が必要な場合に使用される dont もあります。

中国語

　語順は日本語と同様で〈修飾節・被修飾語〉です。ただし「昨日私が買った本」が"昨天我买的书"となるように，基本的には"的"が修飾節と被修飾語の間に使われるため，日本語では冒頭の見出しのように「昨日私が買ったの本」としないように説明する必要があります。

ベトナム語

　ベトナム語では，日本語と逆で〈被修飾語・修飾節〉の順になります。また，被修飾語と修飾節の間に mà という関係詞が使われることもありますが，mà がなくても，意味は十分に通じます。

モンゴル語

　日本語と同様に語順は〈修飾節・被修飾語〉です。例えば"өчигдөр миний авсан ном"は「昨日・私の・買った・本」と訳されます。ただし修飾節中では，基本的に属格である「〜の」が使われるため，本項目を教える際は助詞に注意して説明したほうがよいです。

　英語，スペイン語，フランス語，ベトナム語は日本語とは語順が違います。また中国語の"的"のように修飾節と被修飾語の間に「の」を入れてしまう誤用があることも理解しておいたほうがよいです。ポイントにまとめた注意点を踏まえ，学習者に説明してください。

18 「〜と」「〜ば」「〜たら」

【従属節②】

誤用例
> ?京都に行けば，お寺が見たいです。

　条件を表す「と」「ば」「たら」の使い分けは学習者にとって難しい文型項目です。というのは，①一般的・習慣的事柄，②発見や過去のできごと，③仮定，④動作の順番など用法による使い分けが難しいからです。どのように教えれば，学習者はよく理解できるのでしょうか。

ポイント

❶「と」
　「A と B」は，①一般的・習慣的事柄と②発見や過去のできごとを表す際に使われます。例えば，①は「このスイッチを押すと，電気がつきます。」のように A をするといつも B が起こるといったもので，②は「教室に入ると，先生がいました。」のような文が考えられます。

❷「ば」
　「A ば B」は，①一般的・習慣的事柄と③仮定を表す際に使われます。例えば，①は「このスイッチを押せば，電気がつきます。」のように A をすればいつも B が起こるといったもので，③は「お金があれば，旅行します。」のように，仮定のことを言うときに使います。「ば」は B が実現するための条件を表すため，「A ば B」の A の部分に焦点を置くことができます。例えば「安ければ，買います。」は，「買う」という行為が成立するのは，「安い」という条件が整ったときだという意味になります。

「住めば都」「ちりも積もれば山となる」というように,ことわざや格言などでは「ば」がよく使われます。

❸「たら」

「AたらB」は,①一般的・習慣的事柄,②発見や過去のできごと,③仮定,そして④動作の順番を表すのに使われます。①は「このスイッチを押したら,電気がつきます。」,②は「教室に入ったら,先生がいました。」,③は「お金があったら,旅行します。」などの例文が考えられます。④は「昼ごはんを食べたら,映画を見に行きます。」のように,Aの次にBというような動作の順番を表します。

「たら」は一回限りのことを言うのによく使われます。また「100万円あったら,どうしますか。」のように,「AたらB」のBの部分に焦点を置くことができます。

❹冒頭の誤用

「AとB」「AばB」では,基本的にBの部分には「〜たいです」「〜ましょう」「〜てください」「〜なさい」などの意志,勧誘,依頼,命令などの表現が使えません。この理由により,冒頭の学習者の発話は不自然に聞こえたのでした。「京都に行ったら,お寺が見たいです」だと自然に聞こえます。なお「AばB」のAの部分に状態動詞(ある・いる)や動詞の「ない形」,可能を表す動詞,形容詞などが使われている場合は,Bに意志,勧誘,依頼,命令などの表現が使えます。例えば「お金があれば,旅行したいです。」はAの部分が「ある」で,「寒ければ,窓を閉めてください。」はAの部分が形容詞なので,それぞれBに意志,勧誘,依頼,命令などの表現が使えます。また「明日天気がよければ,出かけましょう。」のように「AばB」のAの部分とBの部分とで主語が違う場合も,Bに意志,勧誘,依頼,命令などの表現が使えます。

> さらにもう一歩

❺ 「と」「ば」「たら」の比較

下の表を見てもわかるように，1番制限がなく，間違いがないのは「たら」ですので，そのことを授業で説明することにより，学習者は誤用を避けることができます。

また話し言葉では「たら」がよく使われますが，書き言葉では「と」「ば」がよく使われる傾向にあります。

意味・用法 ＼ 条件	と	ば	たら
一般・習慣（いつも）＊	○	○	○
発見・過去（〜た）	○	×	○
仮定（もし）	×	○	○
動作の順番（A→B）	×	×	○

＊一般・習慣（いつも）では，「と」と「ば」の方が自然です。
＊過去の習慣でも，「と」と「ば」がよく使われます。

使える教材

★地図……「と」の導入で使えます。217ページにロール・プレイのためのイラストがあります。

導入例

一般・習慣の「と」「ば」
◆教室を使う

【例】そのスイッチを押すと，電気がつきます／消えます。

教室のスイッチを使って，例文を出します。例えば，「すみませんが，電気をつけてください。そのスイッチを押すと，電気がつきます」と学習者にスイッチを押してもらいます。

◆道を尋ねる
【例】 1つ目の信号を右に曲がると，公園があります。

　学習者同士でロール・プレイをしてもらいます。例えば，Aがスーパーの位置を尋ねる人で，Bが道を教える人だとします。まず，Bは好きな位置にスーパーのカードを置きます。そして，BはAに日本語を使ってスーパーの位置を教えます。ロール・プレイをしたあとに，教師は「1つ目の信号を右に曲がると，公園があります。スーパーは公園の隣です。」のように，「と」を使った表現を教えます。

発見・過去の「と」「たら」
◆教室に誰がいたかを思い出す
【例】 教室に入ると，○○さんがいました。

　学習者に「みなさん，授業前を思い出してください。学校へ来て，今，教室の前にいます。そして，教室に入りました。教室に誰がいましたか。」と質問し，「教室に入ると，○○さんがいました。」の形を使います。

仮定の「ば」
◆宿題がまだ終わっていない友達にエールを送る
【例】 がんばれば，間に合いますよ。

　今日までの宿題がまだ終わっていない友達を提示し「がんばります。間に合います。がんばれば，間に合いますよ。」「急げば，間に合いますよ。」などと「ば」を使ってエールを送ります。

◆旅行に誘われる場面を提示する
【例】 休みがあれば，行きます。

　「来月旅行しよう」と友達に誘われる場面を出し，「行きたいです。でも来月の予定がわかりません。」と言い「休みがあります。行きます。休みがあれば，行きます。」といったように，教師は「ば」を使った文章を提示していきます。他にも「お金があれば，行きます。」「授業がなければ，行きます。」なども言えますし，学習者が前件の文を考えてもよいでしょう。

仮定の「たら」
◆休みに何をするか考える
【例】1週間休みがあったら,旅行します。
　教師が「1週間休みがあります。何をしますか。」と発問し,学習者の答えを「たら」を使って黒板に教師が書いていきます。

◆お金を使って何をするか考える
【例】お金があったら,旅行します。
　教師が「たくさんお金があります。何をしますか。」と発問し,学習者の答えを「たら」を使って黒板に教師が書いていきます。

順番の「たら」
◆授業後の予定を聞く
【例】授業が終わったら,何をしますか。
　学習者に上の質問をします。すでに仮定の「たら」を学習している場合は,学習者に「たら」を使って,答えてもらうのもよいでしょう。

[さらにもう一歩]
「仮定条件を使ったゲーム」(218ページにカードがあります。)
　単純な練習にならないように,以下のようなゲームをやってみてはどうでしょうか。
①小さいカードを準備します。
②そのカードに「宿題をしていない。右の人に1枚カードをあげる。」「めがねをかけている。左の人から1枚カードをもらう。」などの文を15枚分程度書きます。
③クラスを3〜4人のグループにします。円になって座り,真ん中にそのカードを置きます。
④ゲームスタートです。まず,真ん中に置かれたカードの山から1枚とって,カードを見ます。例えば,「宿題をしていない。右の人に1枚カードをあげる。」をひいたら,これを「ば」を使った文に替えます。この場合「宿題をしていなければ,右の人に1枚カードをあげる。」という文を作ります。本当に宿題をしていなかったら,右の人に手元のカードを1枚あげ

ます。
⑤真ん中のカードがなくなったときに，手元のカードが多い人が勝ちです。カードは，「左の人に1枚カードをあげる」「左の人から1枚カードをもらう」「右の人に1枚カードをもらう」「このカードをもらう」など，いろいろ考えてみてください。ゲームをしながら「ば」の文が練習できます。クラスの人の様子が客観的に観察できるよい機会になります。

外国語では？

 ### 英語

　一般的な事柄を言う場合 when や if を使って表すことができ，仮定を表すときは if を使い，表します。動作の順番は"after 〜"を使います。

 ### スペイン語

　一般的な事柄を言う場合は，「〜するとき」を意味する cuando や，「もし」を意味する si を使います。仮定を表す場合は si を使い，動作の順番は「〜たあとで」という意味の"después de 〜"で表せます。

フランス語

　「〜するとき」を意味する quand や，「もし」を意味する si で一般的な事柄を表します。仮定を表す場合は si が使われ，動作の順番は"après〜"で表せます。

ベトナム語

　一般的・反復的な事柄を言う場合は"hễ 〜 thì…", "cứ 〜 thì…（〜するときはいつも…）"や"khi 〜 thì…（〜するとき…）"を使い，仮定を言うときは"nếu 〜 thì…", "giả 〜 thì…"などの形を使います。動作の順番は"sau khi 〜"を使います。

中国語

"一〜就…"で「〜するとすぐに…」と一般的・反復的事柄を表します。「〜するとき」を意味する"〜时"でも一般的・反復的事柄を表せます。仮定は"如果〜（的話），就…""要是〜（的話），就…"などを使って表します。動作の順番は"先〜后…"や"〜了，就…"で表せます。

モンゴル語

「とき」を意味する"-хад"を動詞の語幹につけ，一般的事柄を表します。また，語幹に"-вал（-бал）"をつけると，一般的事柄や仮定が表せます。そして，動詞の語幹に"-аад"をつけ「〜てから」といった動作の順番を表せます。

他の言語と比べ，日本語は複数の条件表現を持ち，それぞれに規則が多く存在するため，学習者にとって困難な項目だといえます。一度にすべて網羅するのではなく，1つずつ取り上げていくことが重要です。

コラム

ピョンピョンはねる小学3年生

　モンゴルの小学3年生に日本語を教えていたときの話です。この日はひらがなのた行を教えていたのですが，私のあとに続いて「た・ち・つ・て・と」と言うとき，1文字発声する度にお尻を浮かせピョンピョンはねている男子児童がいました。ただ発音練習をしているだけなのに，こんなにも楽しそうにしている姿は微笑ましく，とても印象的でした。

（高嶋）

コラム

似ている文の使い分け

　「～に会います」「～と会います」という2つの文があります。2つとも似たような文ですが，何が違うのでしょうか。ヒントは「～」の部分に「有名人」と入れてみることです。「有名人に会います」「有名人と会います」……さて，もうわかりましたか。「有名人に会います」は，例えば，町で偶然有名人に出くわして，それを誰かに「有名人に会いました。」と伝える場面が考えられます。一方「有名人と会います」だと，もともと有名人とは知り合いで，約束などして会う，といった意味合いが出ます。つまり，「～に会います」は一方的にその人に会うのに対し，「～と会います」は対等な立場で，相互的動作として会うということを表しています。このように似ている文に出会ったときは，すこし視点を変えて，いろいろな例文を作ってみることをお勧めします。意外なヒントが出てくることがよくありますよ。　　　　　　　　　　（高嶋）

19 「〜なら」
【従属節③】

> **誤用例**
> ?時計を見るなら，もう10時でした。

「〜なら」は，他の条件表現との使い分けが難しい文法項目です。どのように教えれば，よいのでしょうか。

ポイント

❶「〜なら」の形と用法

「AならB」は，Aという条件に対する判断，意志，依頼，命令，勧誘，助言などをBで述べます。例えば「沖縄に行くなら，お土産を買ってきてください」は，「沖縄に行く」という条件に対して「お土産を買ってくる」という依頼をしています。Aには動詞の普通形，い形容詞，な形容詞，名詞が使われます。例えば，い形容詞の場合は「寒いなら，服を着た方がいいですよ。」，な形容詞の場合は「暇なら，出かけましょう。」，名詞の場合は「雨なら，行きません。」などとなります。

❷「〜なら」の時系列

「AならB」では，A→B，B→Aどちらの順番も成立します。例えば「沖縄に行くなら，お土産を買ってきてください。」では，まず沖縄に行き，それからお土産を買ってくる，という順番（A→B）です。「沖縄に行くなら，サングラスを買っておいた方がいいですよ。」では，まずサングラスを買い，それから沖縄に行く，という順番（B→A）です。

❸冒頭の誤用

　発見したことや過去のできごとを「なら」で述べた場合，文としての座りが悪くなります。見出しにある「時計を見るなら，もう10時でした。」が不自然なのはそのためでした。この場合，発見や過去のできごとが表せる「と」「たら」を用いて「時計を見ると，もう10時でした。」「時計を見たら，もう10時でした。」などと述べた方が自然です。

[さらにもう一歩]
❹ある情報を受けて述べる「〜なら」

　ある情報を受けて，考えや意見を述べる際に「AならB」がよく使われます。以下のとおりです。

A 　来月，東京に行きます。

　　東京なら，スカイツリーがいいですよ。 **B**

　この例文では，「東京」という情報を受けて，おすすめの観光スポットについて助言をしています。

❺「〜なら」と「〜ならば」

　「雨なら，行きません。」「雨ならば，行きません。」と2通りの言い方が可能ですが，一般的には「AならB」の方が使われます。「AならばB」の場合，Aに焦点を置く「ば」が使われているため，Aという条件が強調されて伝わります。

使える教材

★旅行ガイド……助言をする導入で使えます。

導入例

◆雨が降る場合の行動を述べる
【例】雨が降るなら，私は行きません。
　明日，日帰り旅行をする予定なのだが，天気予報では「雨が降るかもしれない」と言っている状況を作りだします。そして上の例文を提示します。他にも「タクシーで行く」「他のところに行く」などの例文を提示できます。

◆買い物をしに行く人に依頼をする
【例】スーパーに行くなら，バターを買ってきてください。
　ちょうど買い物に行くところのＸさんを登場させ，必要なものを買ってきてもらうようお願いをします。

◆交通標語を紹介する
【例】飲むなら，乗るな。／乗るなら，飲むな。
　上の標語を紹介します。ここでの「飲む」は「お酒を飲むこと」で，「乗る」は「車を運転すること」だと説明します。禁止表現の復習にもなります。

◆友達を勧誘する
【例】午後，授業がない／ひま　なら，いっしょに出かけましょう
　どこかに出かけようと考えている学生を登場させ，クラスメートを誘う場面を提示します。出かける場所は学習者にとって馴染みのあるスポットがよいでしょう。その返答として「出かけるなら，渋谷はどうですか。」などのように出かける場所を提案することもできます。

◆旅行の助言をする
【例】東京なら，スカイツリーがいいですよ。
　東京を旅行する予定のＹさんを登場させ，何がお勧めか，助言する会話例を提示します。学習者にどんな助言をするか考えてもらってもよいです。
　　□中の地名は，学習者にとって馴染みのある場所だと，よりわかりやすくなります。

外国語では？

 英語

仮定は if を使って表します。また "as for ～" "in terms of ～" などを使うことで「～に関して言うなら」という意味が表せます。

 スペイン語

仮定を表すときは si を使います。また「～に関してなら」の意味であれば，"en cuanto a～" や，"si se trata de～" などが使えます。

 フランス語

仮定を表す場合は si が使われます。また "en ce qui concerne～" "pour ce qui est de～" は「～に関して言うなら」などと訳せます。

 中国語

仮定は "如果～（的话），就…" "要是～（的话），就…" などを使って表します。話題を取り立てる場合は "说到～" などが使われます。

 ベトナム語

仮定の場合は "nếu～" あるいは "giả sử～" を使って表します。話題を取り立てる場合は "nếu nói tới～thì…"，または "nếu là～thì…" が使えます。

 モンゴル語

動詞の語幹に "-вал（-бал）" をつけると，仮定の意味になります。また取り立てを表す助詞 бол は「なら」と訳せます。

上で取り上げた言語では、仮定と取り立ての表現が異なるということを把握しておいた方がよいです。「A なら B」中の B では、話し手の気持ちや考えが述べられるということに焦点を置き説明してください。

> ## コラム
>
> **非母語話者日本語教師の果たす役割**
>
> 　修士課程の時に 1 ヵ月ほどスロヴェニアのリュブリャーナ大学で実習させていただいたことがあります。勉強になることがたくさんあったのですが、その中でしみじみ思ったのは、非母語話者教師だからこそできる学習支援があるということです。
> 　実習前は、ベトナム人がスロヴェニアで日本語の授業を行うことに対してはたして学生たちが受け入れてくれるだろうかと不安でした。しかし、私の心配をよそに学生たちは自ら積極的に授業に参加して、放課後もどうやって日本語を勉強してきたかを聞きたいと言って大学から宿泊先までいっしょに歩いてくれました。彼らが私に教師だけではなく、学習者としての役割も求めているということが、だんだんわかってきました。そして、当初の不安が、学習者と共通の体験を持っているからこそ学習者のモデルになれると自信に変わりました。
> 　実習 3 週間目にはベトナムの結納式についてプレゼンテーションする機会がありました。プレゼンテーション自体は 15 分で終わったのですが、その後の質疑応答の時間に感想や質問などが多く寄せられました。その中には、「日本語ができれば日本のこと以外にも色々な知識を獲得できる気がします」と言ってくれた学生がいて、とても嬉しかったです。
> 　　　　　　　　　　　　　　　　　　　　　　　（チャン・ティ・ミー）

コラム

日本語学習者の心理的側面を知るのにもっともよい方法

　日本語を学ぶことで学習者はさまざまな感情・感覚を得ることになります。喜び，不安，充実感，挫折，達成感……このような日本語学習者による心理的側面を知るためにはどうすればよいのでしょうか。

　それは，外国語を実際に学んでみることです。しかも，英語などの第一外国語ではなく，第二外国語や第三外国語などのほうが，より日本語学習の感覚に近づくと思います。というのは，日本語は第二外国語や第三外国語として学ばれることが非常に多いからです。

　ことばを学ぶというのはどういうことなのでしょうか。文字・表記を1から習得していくにはどうすればよいのでしょうか。さまざまな単語を覚えていくにはどうすれば効果的なのでしょうか。外国語を学んでみると学習スタイルや学習ストラテジーなど考えるべきことが非常に多くあることに気づきます。そこには，日本語を教えているだけでは気づきにくい多くの要素が存在することでしょう。

　私の場合，モンゴルへ行く前に2か月間モンゴル語の語学訓練がありました。そのときに感じたのが，発音の難しさや単語を覚えることの困難さでした。しかし同時に，それらを身につけたときの喜びや達成感はひとしおでした。そして，実際にモンゴル語母語話者と会話をし，自身が発したモンゴル語が意図したとおりに伝わったときはコミュニケーションすることの楽しさを痛感できました。

　これらの感覚は，頭で考えるだけではなかなか得がたく，実際に学習体験をしてみないとわからない部分が多いと思います。ですので，日本語学習者の心理的側面を知るのにもっともよい方法は，自身が実際に外国語学習者になってみることだと強く感じます。　　　　　（高嶋）

20 「〜ように」「〜ために」

【従属節④】

誤用例

?モナリザが見られるように，パリに来ました。

目的を表す「〜ように」「〜ために」ですが，どのように使い分ければよいのでしょうか。整理しましょう。

ポイント

❶目的を表す「〜ために」「〜ように」の接続

目的を表す「〜ために」の接続は次のとおりです。

◆「(意志動詞の辞書形) ために」
 【例】日本に留学するために，たくさん勉強します。
◆「(名詞) のために」
 【例】将来のために，貯金しています。

目的を表す「〜ように」の接続は次のとおりです。

◆「(無意志動詞の辞書形) ように」
 【例】日本に留学できるように，たくさん勉強します。

無意志動詞とは，文字通り意志がない動詞のことで，例えば「届く」「降る」など意志性のない自動詞，「〜(ら)れる」「〜できる」などの可能を表す動詞，知覚動詞(見える・聞こえる)などです。反対に，意志動詞は意志がある動詞のことです。ただし，「医者になる」「平和になる」などのように，文

脈によって意志動詞か無意志動詞かが決まる動詞もあります。

　また「明日雨が降らないように，てるてる坊主を作りました。」のように，動詞の「ない形」は原則として「～ように」と共に使われます。

　そして「みんながわかるように，私はゆっくり話します。」のように，前の文と後の文とで主語が違うときは「～ように」が使われます。

❷「～ように」と「～ために」の意味・用法

　「～ように」「～ために」両方とも目的を表すのですが，「留学できるように，毎日勉強します。」「留学するために，毎日勉強します。」とでは意味合いが少し違います。何が違うのでしょうか。「～ように」は，無意志動詞が使われているため，学力がついて最終的には留学できればよいという意味合いが出ます。「～ために」は，意志動詞が用いられているため，ぜひとも留学したいという意志性が強くなります。他にも「モナリザを見るために，パリに来ました。」と言えても，「モナリザが見られるように，パリに来ました。」だと接続は正しくても不自然に聞こえます。というのは，この文には，「絶対にモナリザを見る」という動作の意志性が伴っており，それを実現させるための行動が述べられているからです。

　また「雨が降ったために，旅行ができなかった。」のように「～ために」は原因・理由も表せます。

使える教材

★てるてる坊主……「～ように」の導入で使います。
★絵カード……勉強している人のイラストです。219ページにイラストがあります。

導入例

「～ように」
◆**てるてる坊主を使う**
【例】明日晴れるように，てるてる坊主を作りました。
　まず，教師が作ったてるてる坊主を学習者に見せます。そして，学習者に

「日本人はどんなときにこれを作ると思いますか。」とクイズを出します。学習者からいろいろな答えが出たあとに、「天気が晴れるのをお願いするときに作ります。」と答えを教え、教師は「明日私は出かけます。でもテレビで明日は雨だと言っていました。明日晴れるように、てるてる坊主を作りました。」または「雨が降らないように、てるてる坊主を作りました。」と言います。

学習者の国ではどのように晴れを祈るかを聞いてみても面白いでしょう。

◆風邪の治し方を聞く
【例】早く風邪が治るように、たくさん寝ます。

　教師が「今みなさんは風邪をひいています。どうしますか。」と聞きます。学習者から出てきた答えを「〜ように」を使って、文にしていきます。そこから、「〜ように」の用法を考えさせます。例えば「早く風邪が治るように、薬を飲みます。」「早く風邪が治るように、たくさん寝ます。」なども考えられます。

「〜ために」
◆美術館の場面を提示する
【例】モナリザを見るために、パリに来ました。

　フランス旅行の場面を提示し、上記の例文を言います。他にも「モナリザを見るために、2時間待ちました。」などの文も考えられます。

「〜ように」「〜ために」どちらでも使える導入
◆たくさん勉強している人の理由を考える
【例】日本に留学するために、毎日5時間勉強しています。

　勉強しているイラストを学習者に見せ、「ワンさんは毎日5時間勉強しています。どうしてだと思いますか。」と教師が言います。学習者から「テストでいい点を取ります。」「日本に留学します。」「いい大学に入ります。」「お金持ちになります。」などの答えが出てきたら、教師が「〜ように」「〜ため

に」を使って例文を出します。

◆**登山するときの準備を考える**
　登山に行くときに持っていくものについて考えてもらいます。次のような例文が考えられます。「寒くなっても風邪をひかないように，暖かいコートを着ていきます。」「夜，道が見えるように，ライトを持っていきます。」「疲れたとき食べるために，チョコレートを持っていきます。」「喉が渇いたとき飲むために，水を買っておきます。」などです。このとき，意志動詞・無意志動詞の説明をしてもよいでしょう。

似たような導入で，無人島に持っていくものを考えるという場面でも導入できます。

外国語では？

 英語

"to 〜"や"for 〜"，"so that 〜"などを使って目的を表します。

 スペイン語

"para 〜"や"por 〜"，改まった言い方では"a fin de〜"が使われます。

 フランス語

　目的を言うときは"pour〜"が使われます。改まった言い方では"afin de〜"が使われることもあります。

 ベトナム語

"để 〜"で目的を表します。

中国語

文頭に"为了〜"を置くことで，目的を表せます。また，改まった言い方では文中に"以便〜"を置き，「〜が容易にできるように」という意味を表せます。

モンゴル語

動詞に"-хаар"や"-хын тулд"をつけると目的となります。"-хын тулд"は無意志の目的でも使えます。

この単元を指導する際は，まずは学習者が無意志動詞・意志動詞という分類を把握することが大事です。それによって，目的表現のそれぞれの意味合いも理解できるようになると考えられます。

コラム

てるてる坊主

「〜ように」の導入で使ったてるてる坊主を授業で紹介してみませんか。「てる」というのは漢字にすると「照る」となり「晴れる」という意味です。つまり「晴れ晴れ坊主」という意味になりますね。ご存知の通り，遠足や運動会など，次の日に晴れてほしいときに，日本の子どもはよくこのてるてる坊主を作ります。作り方は簡単で，ティッシュを写真のように丸め，輪ゴムで首を作り，ペンで顔を書けば完成です。あとは窓に吊るしておけばよいのです。吊るす向きが反対だと雨になると言われています。てるてる坊主の歌もあり，とても親しまれている坊主と言えるでしょう。

(高嶋)

コラム

ベトナムのプレゼント習慣

　ベトナムに行く前に，日本とタイでも日本語を教えていましたが，学生からプレゼントをもらう回数が多いのは断トツでベトナムでした。ベトナム女性の日，教師の日，世界女性の日，私の誕生日……。担当していたクラスも多く，花束やスカーフ，ネックレス，かばん，シャンプーなどさまざまなプレゼントを学生からもらいました。プレゼントといっしょに添えられているメッセージカードには誤字，脱字，文法の間違いもあり，「あー」と思うのですが，悩みながらも一生懸命，メッセージを書いた学生の姿が自然と浮かび，とても愛しく感じました。　（川野）

21 「~がほしいです」

【ムード・モダリティ①】

> **誤用例**
> ?キムさんはカメラがほしいです。

「~がほしいです」を扱ったときに,学習者からこのような誤用が出ました。なぜ不自然に聞こえるのでしょうか。

ポイント

❶「ほしいです」の形

「ほしいです」は「い形容詞」で,〈~は…がほしいです〉の形を取ります。また,「…をほしいです」ではなく「…がほしいです」であることに注意してください。この「が」は対象を表します。

❷「ほしいです」の主語

「好きです」「上手です」などとは違い,主語は話し手(私)か聞き手(あなた)しか使えません。そして,聞き手を主語にして使うのは,質問のときだけです。例えば「今,ケンさんは時計がほしいですか。」とケンさんに質問する場合です。なぜなら日本語では,他人の気持ちはわからないと考えるからです。主語が第三者の場合は「キムさんはカメラがほしいと言っていました。」や「キムさんはカメラがほしいようです。」などとなります。このような理由で冒頭の学習者の文は不自然に聞こえるのでした。

さらにもう一歩

❸「ほしいです」の留意点

「お茶がほしいですか。」のように,あまり親しくない人や目上の人に対し

希望を尋ねるのは，失礼になります。日本語では「お茶はどうですか。」「お茶はいかがですか。」などの表現を使うことを教えましょう。

使える教材

★は が カード……「（主語）は～がほしいです」を教えるときに，助詞を目立たせて説明できます。
★部屋の写真やイラスト……212ページにイラストがあります。

導入例

◆気候を利用する
【例】クーラー／ストーブがほしいです。
　教える国・地域の気候によって例文は変えてみてください。まず，教師が自分の部屋を黒板に書きます。そして「とても暑いです（寒いです）。私の部屋にクーラー（ストーブ）がありません。クーラー（ストーブ）がほしいです。」と言います。

T：これは私の部屋です。とても寒いです。服を着ます。寒いです。どうしますか。

L1：ストーブを買います。

L2：熱いコーヒーを飲みます。

T：そうですね。この部屋はストーブがありません。ストーブがほしいです。

◆引っ越ししたばかりの部屋を使う

【例】ベッドがほしいです。

「Aさんの部屋にはいろいろなものがあり、先週引っ越してきた私の部屋には何もありません。」と説明します。そこで「時計がほしいです。」「カーテンがほしいです。」「テレビがほしいです。」などの文を作りながら、ほしいもののカードを部屋の中に入れていきます。

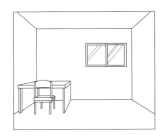

その次に、引っ越しが一段落し、お客さんを招く場面を設定します。そこでお客さんに対し「コーヒーはどうですか／いかがですか。」のように正用を提示します。このとき、二人称（親しくない人）や三人称を主語にして使えないことを説明し、何が誤用になるかを伝えることができます。

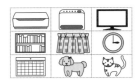

◆無人島に行く

【例】水がほしいです。

教師が「ここは無人島です。何もありません。のどがかわきました。水がほしいです。」など例文を出します。学習者からも「〜がほしいです」を使って、無人島で必要なものを言ってもらいます。

T：無人島にいます。何もありません。のどがかわきました。水がほしいです。おなかがすきました。ごはんがほしいです。寒いです……

L1：服……

L2：服がほしいです。

また，第三者を主語にして「ほしい」を使用する場合は，「L2さんは服がほしいそうです」「L2さんは服がほしいようです」などと述べることも説明できます。

外国語では？

 英語

　英語では動詞 want や would like が使われ，主語は誰でも可能です。また英語では "Would you like a cup of tea?（直訳：あなたは紅茶がほしいですか）" という表現は普通ですが，ポイント❸に書いてあるように，日本語では聞き手に対して「～がほしいですか。」と尋ねるのは失礼になることも説明した方がよいでしょう。

 スペイン語

　「～を欲する」を意味する querer 動詞を主語に合わせて活用させて使います。主語は誰でもよいので「彼は水をほしがっています。」などと言えます。このように，スペイン語では他人の気持ちも言うことができるのです。また，「ほしいようです」「ほしいみたいです」「ほしいと私は思います」という表現を加えた言い方や，querer を使って「～がほしいですか。」と尋ねることもできます。

 フランス語

　フランス語では，動詞 vouloir を使います。例えば，"Je **veux** du thé." は「私は紅茶がほしいです。」という意味になります。"vouloir" は条件形にすると，より丁寧になります。フランス語の vouloir の場合，主語は誰でも構わなく，"**Voulez**-vous～?" で「～はいかがですか。」のように人に何かを尋ねることもできます。

★ ベトナム語

ベトナム語では muốn が使われます。例文としては，私が主語の場合，"Tôi muốn〜"で「私は〜がほしいです。」となります。ベトナム語の場合でも主語は誰でも構わなく，質問もできます。

中国語

中国語では"要"や"想要"などを使い，「〜がほしいです」「〜が必要です」という意味になります。主語は誰でもよく，これらを使って，質問もできます。

モンゴル語

モンゴル語では，例えば「私は水がほしいです。」と言うときは"Би ус авмаар байна.（私は水をもらいたいです）"のように，「もらう」「手に入れる」といった意味の動詞を使った表現になります。日本語と同様，モンゴル語では基本的に主語が「私」のときに使われる表現なので，主語に関しては理解しやすいでしょう。

人称に制限を受けない言語があるため，指導時にそのことを伝えた方がよいでしょう。また「ほしいですか」と尋ねることに関して，どのような場合に失礼になるかを十分に説明することも大切です。

コラム

ベトナムでの異文化接触

　海外に住み，現地の人々と接する中で新しい学びや気づきを得ることは非常に多いです。現地の人々，言語，生活，文化などに関することはもちろんですが，日本や日本人に関して思うことも多々あるものです。

　現地の人同士が何か相談や物事を決める際，口げんかになっているような雰囲気を感じる場面が時々ありました。個々の意見をみんながはっきり言い合い，そばで聞いている私はこの話が最終的にまとまるのかと勝手にはらはらしていました。でも，一人ひとりが自分の考えを堂々と話す気持ちよさも一方で感じました。

　この体験から，日本人は後の人間関係を考えながら，周りとの調和を優先する傾向があると気づく機会となりました。

　どちらがよい，悪いというわけではありません。ところ変われば，多様な手段があり，その手段の善し悪しを踏まえ，折衷した新しいやり方を考えられるバランスのよい人間になりたいものです。　　　　(川野)

22 「〜たいです」

【ムード・モダリティ②】

誤用例

?私はリンゴを食べますがほしいです。

「〜がほしいです」を学んだあと，このように動詞と「ほしいです」を合わせて使っている学習者がいます。なぜこのような文を作ったのでしょうか。

ポイント

❶「〜たいです」の形

動詞を使って願望を表すときは，「ます形」の「ます」を取った〈V-ます＋たいです〉の形になります。冒頭の学習者は「食べたいです」と言いたかったのでしょう。日本語以外の言語では，「ほしい」と動詞の両方を合わせて願望を表すものもあるので，このような誤用が出てしまったと思われます。

❷「〜たいです」の主語

「〜たいです」の活用は「い形容詞」と同様です。また，主語には第三者は使えません。第三者が主語の場合は「キムさんはリンゴを食べたいと言っていました。」「キムさんはリンゴを食べたいそうです。」などの表現を使います。「キムさんはリンゴを食べたがっています。」とも言えますが，親しくない人や目上の人を主語にして「〜がっています。」を使うと，「したい」という態度があからさまに出ているという意味合いが出てしまい，失礼になるので注意した方がよいでしょう。なお「ほしがっている」も同様です。

> さらにもう一歩

❸「〜たいです」の留意点

　「お茶を飲みたいですか。」のように，あまり親しくない人や，目上の聞き手に対し，願望を尋ねるのは失礼になるので，注意して指導しましょう。この場合，「お茶を飲みますか。」や「お茶はいかがですか。」などを使います。

❹「を」と「が」の違い

　「お茶を飲みたいです。」は「お茶が飲みたいです。」とも言えるように，「〜たい」を使うとき，動詞によっては「が」も使えます。では，「が」と「を」では何が違うのでしょうか。「お茶が飲みたいです。」は，「何が」飲みたいかに重点が置かれている表現です。この場合は，「お茶」に重点が置かれています。「お茶を飲みたいです。」は，「何をしたいか」ということに重点が置かれています。つまり，「お茶を飲む」という行為をしたい，という意味になります。その証拠に「お茶がゆっくり飲みたい」よりも「お茶をゆっくり飲みたい」の方が文の座りはよいです。これは「お茶を飲む」という行為をゆっくりしたいと言っているからです。

「お茶が飲みたいです。」

「お茶を飲みたいです。」

❺「ほしい」と「〜たい」の違い

　「水がほしい」と「水が飲みたい」では同じように見えて，実は意味が少し違います。例えば，「水がほしい」というと，飲むためなのか，花にやる

ためなのか，何のために水がほしいのかがわかりませんが，「水が飲みたい」と言うと，「飲む」ために「水がほしい」ということが明確になります。つまり，「～たい」には水をどうしたいのか，動作を明確にする働きがあります。

使える教材

★「～たい」「～たくない」のフラッシュカード……活用を教えるとき，視覚的でわかりやすいです。

導入例

◆寝不足という設定を使う
【例】今晩，9時に寝たいです。

まず「～がほしいです。」の復習をします。次に，「昨日全然寝ませんでした。今晩，9時に寝ますがほしいです」とわざと教師が言います。そして，「いいえ，『寝ますがほしいです』じゃないです。」と誤用を訂正し，「今晩，9時に寝たいです。」と教師が正しい形を提示します。先述のように誤用が出やすい項目なので，教師があえて誤用を提示することで，注意を促すことができます。

このように，あえて誤用に導いた上でそれを訂正し，形に注目させる教え方を**ガーデンパス・テクニック**と言います。

◆旅行の予定を立てる
【例】～に行きたいです。

例えば，日本での旅行なら，黒板に「東京」「京都」「北海道」などの写真を張ります。「旅行をします。どこがいいですか。」と学習者に聞き，意見を出してもらったあとに，教師は「私は～に行きたいです。」と言います。場所が決まったら，同じように「～を食べたいです」「～を見たいです」など

したいことを言ってもらいます。

> 日本の旅行以外にも，教えている国・地域での国内旅行や，海外旅行の予定を立てるという方法もあります。

◆千円で何を買えるかを競う

【例】コップを買いたいです。

　千円という予算内で，一番多くの買い物ができた人が勝ちというゲームです。カタログなどを見ながら「引っ越したばかりの部屋に必要なもの」「旅行に必要なもの」など，テーマによって準備する金額も変え，何が買えるか考えます。発表では「〜や〜を買いたいです」の形を使います。予算ですが，国によって物価が違うので，適切な価格を設定してください。

外国語では？

英語

　英語では"want to ＋動詞"や"would like to ＋動詞"の形が使われるため，冒頭のような誤用が出る可能性があります。また，主語は誰でも可能です。

 ### スペイン語

　スペイン語では「〜たいです」というときは，「〜がほしいです」を意味する"querer"を使って"querer ＋動詞"と表現するため，初級レベルでは，冒頭のような誤用も出てきます。また「〜がほしい」同様，主語は誰でも使えます。

フランス語

「〜たい」は"vouloir＋動詞"で表し，主語は誰でも構いません。また，"Voulez-vous〜?"は「〜したいですか。」「〜してもらえませんか。」のように願望を尋ねたり，何かをお願いしたりする表現にもなります。

ベトナム語

ベトナム語では"muốn＋動詞"の形のため，冒頭の誤用が出てきやすいです。例えば，私が主語の場合，"Tôi muốn ăn táo（私はリンゴを食べたいです）"となります。主語は第三者でも可能です。

中国語

中国語では"想＋動詞"や"要＋動詞"，または両方を合わせて"想要＋動詞"の形を使います。主語は誰でもよいです。また，"要"は「〜したい」以外にも「〜する必要がある」「〜するつもりだ」などの意味もあります。

モンゴル語

「ほしい」でも書いたように，「〜がほしいです」と「〜たいです」はモンゴル語では同じ表現を使い，"(動詞の語幹) -маар＋байна"で願望の形になります。例えば「私は水を飲みたいです。」と言うときは「飲む」を意味するуухを変形させ"Би ус уумаар байна."という表現になります。日本語と同じく，モンゴル語では基本的に主語が「私」のときに使われる表現です。

「ほしい」と同様に，英語，スペイン語，フランス語，ベトナム語，中国語においては，人称の制限を受けず，「〜たいですか」と尋ねても失礼にならないため，日本語でもこれらを使ってしまう可能性が高いです。授業では文法説明の際，どのように言えないかを明示的に伝えることが大事です。

コラム

「先生，食べたいですか」

　自分の希望を説明できる「〜たい」という文型を習うと，学習者は嬉しそうにいろいろな文を作ります。「北海道に行きたい」「友だちに会いたい」……ある日，旧暦のお正月に国に帰った学習者がクラスのみんなにおみやげを持ってきてくれました。そして「先生，これ食べたいですか」勧められた私はどう返事をしてよいかわからず，しばし考えてしまいました。「うん？　食べたい？　いや，食べたいと言われれば食べたい，でも食べなくてもいい……」これが正直な返事。でも学習者にはわかりません。仕方なく「いただきます」と答えました。もちろん，食べたあとで，人に勧めるときには「どうぞ，食べてください」でよいことは伝えました。単純に「言いたい」ことが言える文型だと理解されると，このようなことが起きます。いつ，どのような時に，それが言えるのかということをきちんと提示する必要があるのはこのようなことがあるからですね。

(関)

23 「〜てください」
【ムード・モダリティ③】

> **誤用例**
> ?ちょっと待ちてください。

学習者が「て形」を学んだときに，このような誤用を出してしまいました。なぜなのでしょうか。

ポイント

❶動詞のグループ
動詞には3つのグループがあります。例として，「ます形」でのグループ分けを考えてみましょう。

1グループ動詞…ローマ字にすると「〜i-masu」となる動詞が1グループ動詞です。「買います」「泳ぎます」「話します」などです。

2グループ動詞…ローマ字にすると「〜e-masu」となる動詞が2グループ動詞です。「寝ます」「食べます」「教えます」などです。

3グループ動詞…「します」「来ます」の2つを3グループ動詞と言います。「勉強します」なども3グループ動詞に入ります。

ただし，初級に出てくる「浴びます」「起きます」「落ちます」「降ります」「借ります」「できます」「閉じます」「います」「着ます」「見ます」などは「〜i-masu」の形ですが，例外で2グループ動詞です。

❷ます形→て形

「ます形」から「て形」を作る方法を表にまとめます。

グループ	ます形	て形
1グループ (〜 i-masu)	☐みます・☐にます・☐びます	☐んで
	☐います・☐ちます・☐ります	☐って
	☐きます	☐いて
	☐ぎます	☐いで
	☐します	☐して
	*行きます	*行って
2グループ (〜 e-masu)	☐ます	☐て
	*浴びます・起きます・落ちます・降ります 借ります・できます・閉じます います・着ます・見ます など	*☐て
3グループ	します	して
	来ます	来て

*は例外です。

　2グループ，3グループ動詞の「て形」は単純です。
　2グループ動詞の場合，「食べます」「食べて」，「浴びます」「浴びて」のように，「ます」を取って，「て」を付けます。
　3グループ動詞も同様で，「します」は「して」，「来ます」は「来て」のように「ます」を取って，「て」を付けます。

23　「〜てください」【ムード・モダリティ③】

1グループ動詞が複雑です。
　「飲みます」「飲んで」,「死にます」「死んで」,「遊びます」「遊んで」のように「□みます」「□にます」「□びます」の動詞は「□んで」となります。
　「買います」「買って」,「待ちます」「待って」,「帰ります」「帰って」のように「□います」「□ちます」「□ります」の動詞は「□って」となります。
　「聞きます」「聞いて」のように「□きます」は「□いて」となります。
　「泳ぎます」「泳いで」のように「□ぎます」は「□いで」となります。ただし,「行きます」は例外で「行って」となります。
　最後に「話します」「話して」のように「□します」は2, 3グループ動詞と同じで「ます」を取って,「□て」を付けます。冒頭の誤用は, 1グループ動詞の「待ちます」を2グループ動詞だと思ってしまったため, このように誤ったのだと言えます。

❸辞書形→て形
　「辞書形」から「て形」を作る方法を表にします。次ページ上を見てください。
　2グループ動詞はローマ字で「〜 i-ru」「〜 e-ru」となる動詞で「□る」の「る」を取って「□て」です。
　3グループ動詞の「する」は「して」,「来る」は「来て」となります。
　1グループ動詞はそれ以外の動詞で, て形は「□む」「□ぬ」「□ぶ」の動詞は「□んで」,「□う」「□つ」「□る」の動詞は「□って」,「□く」は「□いて」,「□ぐ」は「□いで」,「□す」は「□して」となります。
　ただし「行く」は例外で「行って」となります。また「帰る」「切る」「減る」などは「〜 i-ru」「〜 e-ru」の形ですが, 例外で1グループ動詞です。
　ポイント②, ③の表は学習者に渡してもよいでしょう。
　参考までに「ます形」のグループ1動詞の「て形」が覚えられる歌をご紹介します。メロディは『むすんでひらいて』です。

　　♪みにびーんで　　いちりーって
　　　きーいて　　ぎーいて　　しーして

　「辞書形」の場合は, このようになります。

グループ	辞書形	て形
1グループ （〜u）	▢む・▢ぬ・▢ぶ	▢んで
	▢う・▢つ・▢る	▢って
	*帰る・切る・知る・入る・走る・減る・参る　など	*▢って
	▢く	▢いて
	▢ぐ	▢いで
	▢す	▢して
	*行く	*行って
2グループ （〜i-ru） （〜e-ru）	▢る	▢て
3グループ	する	して
	来る	来て

＊は例外です。

　♪むぬぶー んで　　うつるー って
　　くー いて　　ぐー いて　　すー して

❹「〜てください」

　「て形」を使った代表的な文型として「〜てください」があります。「〜てください」は相手に何らかの動作を求める表現ですが、大きく分けて3つの用法があります。第1に、**要求された行為をするのが当然の場面で使われる指示**です。例えば、教室で教師が使う「聞いてください」「読んでください」などです。これは「優しい命令」だとも言えます。第2に、**自分のために相手に何かをお願いするときに使う依頼**です。例えば、「寒いから、窓を閉めてください。」「この問題がわからないので、教えてください。」などです。ただし、この「〜てください」は親しくない人や目上の人に使うと、

不躾な印象を与える可能性があるため「〜ていただけませんか」「〜てくださいませんか」などの方が好ましいです。最後に,「どうぞ熱いうちに食べてください。」のように,**聞き手のことを考えて言う勧め**です。

> さらにもう一歩

❺活用による動詞の分類の名称
　国語教育における国文法との対応ですが,1グループ動詞は五段活用動詞のことです。2グループ動詞とは上一段活用動詞と下一段活用動詞のことです。そして,3グループ動詞とはサ行変格活用動詞「する」とカ行変格活用動詞「来る」のことです。
　このように日本語教育では,シンプルに覚えられるよう,動詞を3つにグループ化します。

❻そのほかの「て形」を使った表現
　「〜てください」以外にも「て形」を使った表現として「〜ています」「〜て,〜ます」「〜てもいいです」「〜てはいけません」「〜てあげます」「〜てもらいます」「〜てくれます」など多数あります。このように「て形」を学ぶことによって,使えるようになる表現は格段に増えます。

❼「て形」と「ない形」
　なかなか理解できない学習者には,「ない形」を学習したときにもう1度確認することも重要です。「起きます」「起きない」,「浴びます」「浴びない」など,「〜ます」「〜ない」の前がそのままなのは2グループ動詞ですが,「聞きます」「聞かない」,「呼びます」「呼ばない」など,変化するものは1グループ動詞です。このような違いに焦点を置き「て形」「ない形」両方で動詞を確認しておくと,間違えることが少なくなります。

> 使える教材

★ます形・て形対照表……220ページに表があります。
★辞書形・て形対照表……221ページに表があります。
★動詞のフラッシュカード……グループ分けや基本練習などで使えます。

導入例

「ます形」でのグループ分け
◆**動詞のフラッシュカードを黒板に貼る**

　まず黒板に縦線を3つ入れて分けます。そのあと，1グループ動詞のカードを3枚程度貼ります。そして，学習者が共通点を考えます。時間がかかるようでしたら，ローマ字にしてみるとわかりやすくなるでしょう。同じように2グループも予想します。2グループの例外は出さないで，教師があとで教えます。最後に3グループはそのまま提示して教えます。同様に，「て形」の規則を学習者が発見していく導入もできます。

〈～てください〉
◆**教師が教室用語を使う（指示）**
【例】聞いてください。

　教室用語を使う方法です。例えば，耳の後ろに手を当てて「聞いてください。」と言ったり「昨日何をしましたか。話してください。」と言ったりします。その流れで「これを見てください。」「教科書を開けてください。」なども混ぜて指示を出します。

◆**話し手が風邪で，聞き手にお願いする（依頼）**
【例】窓を開けてください。

　自分が病気で寝ている状況を説明します。「私は風邪です。友達が家に来ました。部屋の空気が悪いです。どうしますか。友達にどうお願いしますか。」と聞きます。いろいろな答えが出たあとに「すみません，窓を開けてください。」と正しい文を述べます。同じように「窓を閉めてください。」「テレビを消してください。」「ここにいてください。」などの例文も言えます。

◆**自分の家で食事会をする（勧め）**
【例】どうぞ座ってください。

　自分の家で食事会やパーティをするという場面を設定し，ホストである自分がゲストに対しどんなことを言うか考えてもらいます。例えば「どうぞ入ってください。」「どうぞ座ってください。」「どうぞ食べてください。」な

どが考えられます。このように勧めを表す場合は「どうぞ」が使われることが多いです。

外国語では？

 英語

英語では「て形」に相当する動詞の形はありません。グループ分けや「て形」を覚えるのは，初級前半の山場と言えるでしょう。

また "Can you 〜?" "Will you 〜?" や please などが「〜てください」に当たります。

 スペイン語

スペイン語にも「て形」のようなものはありません。そのため，形をつくること，グループ分けを覚えること，いずれもスペイン語話者にとって難しいようです。

また「〜てください」に相当する表現として，動詞 poder（できる）を用いた "¿ Puedes / Puede 〜?" や文末につける "por favor" などがあります。

 フランス語

フランス語には「て形」のような動詞の活用がないため，1つずつ覚えていく必要があります。

また動詞 pouvoir（できる）を使った "Est-ce que tu peux〜?" "Est-ce que vous pouvez 〜?" や，平叙文の文末につける "s'il te plait / s'il vous plaît" などが「〜てください」に当たります。

 ベトナム語

ベトナム語の動詞や形容詞は活用しないので，学習者が動詞を「ます形」

や「辞書形」から「て形」に変えられるようになるまでには時間がかかります。

また「〜てください」に当たる表現は"(hãy) + 動詞 + đi"ですが、"làm ơn + 動詞"にするとより丁寧になります。

中国語

中国語も、ベトナム語と同じく動詞や形容詞は活用しないため、動詞のグループ分けや「て形」などは中国語話者の学習者にとっては難しいと言えるでしょう。

また中国語では"请"を使うことで、丁寧な「〜てください」に当たる表現が言えます。

モンゴル語

モンゴル語には完全に「て形」と対応する動詞の形はありませんが、近い形はあります。例えば「水を飲んでいます」と言うときは"ус ууж байна.（水・飲んで・います）"、「水を飲んでもいいです」と言うときは"ус ууж болно.（水・飲んでも・いいです）"、「水を飲んで、ご飯を食べます」と言うときは"ус ууж, хоол иднэ.（水・飲んで、ご飯・食べます）"というように、"（動詞の語幹）-ж"（動詞によっては"語幹 -ч"）の形に活用させます。

また「〜てください」に当たるものとして、"（動詞の語幹）-аарай"があります。自分のために相手に何かをしてもらう際は"（動詞の語幹）-ж өгөөрэй"になります。

て形の規則は日本語独特のものなので、説明後は何度も繰り返し練習していくことが大切です。

また日本語の「〜てください」には指示、依頼、勧めの3つの用法がありますが、他の言語より細かく分かれているので、それぞれ適切な場面設定をする必要があります。

24 「〜んです」
【ムード・モダリティ④】

誤用例
?すみません，寝坊したんです。

「〜んです」を学習したあとに，学習者が遅刻した理由をこのように言いました。しかし，聞き手にはあまりよい印象を与えません。なぜでしょうか。

ポイント

❶冒頭の誤用
何か自分に非があり，個人的な理由を説明するのに「〜んです」を使うと，強い口調に聞こえるので注意が必要です。冒頭の学習者も，個人的な遅刻の理由に「〜んです」を使ったため，聞き手によくない印象を与えてしまいました。この場合「寝坊してしまいました。」などが適切です。初級の学習者にとって「〜んです」の文型は「話して使うこと」よりも，まずは「聞いてわかること」の方が大切な文型だと言えるでしょう。

❷「〜んです」の意味・用法
「〜んです（んだ）」は話し言葉で，「〜のです（のだ）」は書き言葉でよく使われます。「んです」はいつもと様子が違う場面・状況で，聞き手に説明を求めるときや，話し手が何かを説明するときに使います。例えば，体調が悪そうな友達に「どうしたんですか。」と聞いて，「頭が痛いんです。」という会話も考えられます。「どこ」「いつ」「何」などの疑問詞と共に「〜ん（の）ですか。」を用いて説明を求めることも多くあります。特に理由を尋ねる際は，基本的には〈なぜ／どうして〜ん（の）ですか。〉の形になります。

他にも「ワンさんはいつも教室で勉強しています。だから日本語が上手な

んですね。」のように「～ん（の）です」は解釈をしたり納得したりするときにも使われます。

> さらにもう一歩

❸「～んですから」「～んですが」

　話し手が説明を求めたり，何かを説明したりするときに使う表現ですが，「これがわからないんですから，教えてくださいますか。」のような「んですから」の使い方は，強く自己主張しているように聞こえるので不適当です。この場合「わからないので，教えてくださいますか。」などが望ましいです。また「これがわからないんですが，教えてくださいますか。」のように，前置きとして「んですが」を使って何かをお願いしたり，許可をもらったりすることもできます。例えば，授業中に「すみません。トイレに行きたいんですが，いいですか。」と学習者が教師に尋ねる場面も考えられます。このような表現は強い印象を与えず，聞き手に丁寧な印象を与えることができるので，練習する時間を多く作った方がよいでしょう。さらに「すみません。トイレに行きたいんですが……」のように，伝えたいことを言ってその先は言い切らない「言いさし表現」も日本語ではよく使われます。

使える教材

★ペープサート……登場人物を示すことができます。227ページに作成キットがあります。
★絵カード……勉強している人のイラストです。219ページにイラストがあります。

導入例

◆うれしそうな表情の人と，それについて尋ねる人の会話を示す

【例】どうしたんですか。

　黒板に右のような顔を描きます。そして，教師が「笑っていますね。何かいいことがありましたか。知

りたいです。」と言います。

A 何かいいことがあったんですか。

そして，Bは笑っている理由を説明します。

今夜、おいしいレストランに行くんです。 **B**

恋人ができたんです。 **B**

N5の試験に受かったんです。 **B**

◆**悲しんでいる表情の人と，それについて尋ねる人の会話を示す**
【例】どうしたんですか。
　黒板に右のような顔を描きます。そして，教師が「悲しんでいますね。どうしましたか。知りたいです。」と言います。

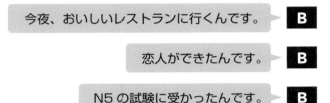

A どうしたんですか。

そして，Bは悲しんでいる理由を説明します。

悲しい映画を見たんです。 **B**

テストの点数が悪かったんです。 **B**

恋人と別れたんです。 **B**

Ｂの例文は，学習者にとって身近なことの方がよいでしょう。

◆学習者の持ち物で，興味を持ったものを使う
【例】どこでその時計を買ったんですか。
　「いいですね。かわいい時計ですね。どこで買いましたか。知りたいです。どこで買ったんですか。」「わあ，すてきなペンですね。どこで買いましたか。知りたいです。どこで買ったんですか。いつ買いましたか。知りたいです。いつ買ったんですか。」
　このように疑問詞を用いて興味を持った事物に関して「知りたい」ということをアピールします。

◆たくさん勉強している人を提示する
【例】ワンさんはいつも教室で勉強しています。だから日本語が上手なんですね。
　日本語が上手なワンさんを学習者に紹介し，ワンさんが教室で勉強している姿を見た人が「ワンさんはいつも教室で勉強しています。だから日本語が上手なんですね。」と言って，「んです」を使います。

[さらにもう一歩]
「ショー・アンド・テル」
　毎回の授業でショー・アンド・テル（Show and Tell）をしてみるというのはどうでしょうか。ショー・アンド・テルとは，好きなものやお気に入りの写真を「見せながら，話す」と言う活動です。例えば，毎回授業で発表する人を決めておき，その人が全体に向けてショー・アンド・テルをしたあとに，他の学習者から質問をしてもらうといった活動ができます。日本語で「自分はこういう人間だ」「自分はこんなことに興味がある」などと伝えることで，生の情報を使ったコミュニケーションが教室でできます。「～んです」を用いて，出だしを「実は，私は車が好きなんです。」「実は，私は写真が趣味なんです。」などで始めることもできます。

外国語では？

英語

英語には，意味・用法・形が同じで相当する要素はありません。

スペイン語

スペイン語にも該当する要素はありません。上級者でも，正しい場面での「〜んです」の使用は難しいようです。

フランス語

「〜んです」と同じような要素はありません。

ベトナム語

ベトナム語には相当する要素がありません。

中国語

日本語の「〜んです」に当たる強調の表現として，"是〜的"がありますが，完全に対応しているわけではないです。

モンゴル語

似ている要素として，モンゴル語では何かを説明するときに，「こと」を意味する юм が使われます。

「〜んです」は，言語によっては見られない要素であるため，まずは学習者がどのような場面で使われるか十分に理解する必要があります。それから，産出の練習をする流れを心がけてみてください。

> コラム

文字の強調

　日本語の授業のプリントで注意を向けてほしい部分をどのように強調していますか。さまざまな手法が考えられます。例えば「色づけ」「斜体化」「下線」「文字の拡大」「太字」などです。このような強調を「インプット強化」と呼びます。この中で私がよく使っているのが「下線」と「太字」の組み合わせです。これには3つの理由があります。

　1つ目は、「斜体化」だと書体によってはどこが斜体化されているかわからなくなるからです。「下線」「太字」の組み合わせなら、書体に関係なくどこが強調されているのかが一目瞭然です。

　2つ目は、色味を感じない学習者にとって「色づけ」は強調されていることがわかりにくいからです。色覚バリアフリーを意識したウェブサイトでは、どこにリンクが張られているかがすぐにわかるよう、下線を引いてリンク先が提示されています。このように強調手法として「色づけ」を使用する場合は十分な配慮が必要なのです。

　3つ目は、見た目のバランスです。「文字の拡大」を使用した場合、該当部分は書体のサイズが違います。そのため、ほかの部分と見比べるとアンバランスになってしまいます。「下線」「太字」なら、その問題は解消され、周りの部分とも馴染んで強調することができます。

　以上のように、日本語教育で使用する教材や教具などを選定・制作する際は、メリット・デメリット、学習者のバックグラウンドにも考慮する必要があります。

　　　　　　　　　　　　　　　　　　　　　　　　　　　　（高嶋）

25 様態の「そうだ」・伝聞の「そうだ」

【ムード・モダリティ⑤】

> **誤用例**
> ?おいしいそうです。(食べ物を見て)

　様態の「そうだ」と伝聞の「そうだ」は共に「そうだ」という形を使います。その使い分けと教え方について考えてみましょう。

ポイント

❶様態の「そうだ」と伝聞の「そうだ」
　様態の「そうだ」は，話し手が人や物の様子から受ける自分の印象を述べたり，直後に起こるであろう可能性を述べたりするときに使われます。伝聞の「そうだ」は，話し手が自分で聞いたり，読んだりしたことを伝えるときに使われます。
　冒頭の文が不自然である理由は，食べ物を見て印象を述べるので「おいしそうだ」が正しいのに，「おいしいそうだ。」と伝聞を述べていたからでした。

さらにもう一歩
❷様態の「そうだ」と伝聞の「そうだ」の接続
　接続は次ページ上の表の通りです。接続の仕方によって意味・用法が違うので，見分けるのは難しくないでしょう。ただし，どちらを使うのか混同しないよう，しっかり練習する必要があります。

	様態の「そうだ」	伝聞の「そうだ」
動詞	[（動詞）ます] そうだ	[動詞の普通形] そうだ
い形容詞	[（い形容詞）い] そうだ	[（い形容詞）い] そうだ
な形容詞	[（な形容詞）な] そうだ	[（な形容詞）な] だそうだ
名詞	−	[名詞] だそうだ

使える教材

★誕生日パーティのイラスト……様態「そうだ」の導入で使います。この本の 222～223 ページにあります。

導入例

様態の「そうだ」
◆絵カードを使う
【例】本が落ちそうです。
　誕生日パーティのイラストを使って，導入をします。イラストから次の例文が出せます。
・寒そうです。　・おいしそうです。
・眠そうです。　・転びそうです。　・楽しそうです。
・花びんが倒れそうです。　・コップが落ちそうです。

伝聞の「そうだ」
◆おいしいレストランの噂を聞く
【例】A レストランはおいしいそうです。
　教師が「来週私は友達と遊びます。この町でおいしいレストランを知っていますか。」と聞き，学習者に答えてもらいます。例えば「A レストラン」という答えが返ってきたとします。教師が来週会う予定の友達に連絡し，「A レストランはおいしいそうですよ。」と伝えます。

外国語では？

ここでは，外国語において「〜ように見える」などの様態をどのように表すか，「〜と聞いた」などと伝聞をどう述べるかを解説していきます。

 英語

「〜ように見える」は look や seem などを使います。"I heard that 〜" は「〜と聞いた」などと訳せます。

 スペイン語

parecer で「〜ように見える」という意味になります。「私は〜と聞いた」は "He oido que 〜" で，「〜と言われている」は "Se dice que 〜" や "Dicen que 〜" などを使います。

 フランス語

sembler や paraître，それから「言う」を意味する dire の条件法を使った "On dirait que〜" などで「〜ように見える」が表せます。また，dire の直説法を使った "On dit que〜" で「〜と言われている」という意味になります。"J'ai entendu dire que〜" で「私は〜と聞いた」といった意味になります。

 ベトナム語

"hình/dường như 〜" や "có vẻ 〜" で「〜ように見える」といった意味になります。"nghe nói 〜" で「〜と聞いた」と言う意味になります。

中国語

"好像" で「〜ように感じる」という意味になります。"看来" や "看起

来"看上去"などで「見たところ〜ようだ」という意味になります。"听说"や"据说"で「聞くところによると〜そうだ」といった伝聞を表します。

モンゴル語

「〜ようだ」は"〜 бололтой"や"〜 юм шиг байна"などを使います。伝聞では"〜 гэнэ"などを使います。

　他の言語においては，文脈によって伝聞や様態などで，使われる表現が変化することを知っておいた方がよいでしょう。日本語では形が類似しているため，瞬時に何を使えばよいのか混同するケースが多々見られます。

26 「ようだ」「らしい」
【ムード・モダリティ⑥】

> **誤用例**
> ?ちょっと塩が多いらしいです。（味見して）

　「ようだ」と「らしい」はどちらも学習者にとって使い分けが難しい表現です。上の見出し文は「ちょっと塩が多いようです。」が正しいです。というのは、自身の体験や知覚に基づいて主観的に推測するときは「ようだ」が適切だからです。ここでは「ようだ」「らしい」の使い分けと教え方について考えていきましょう。

ポイント

❶「ようだ」

　「ようだ」は、漢字にすると「様だ」となり、ある状況の「様子」が関係しています。用法には①推量、②比況、③例示の３つがあります。

　①推量は、ある状況下で自身の体験や知覚に基づいて主観的に推測するときに使われます。例えば、「サイレンが聞こえます。事故があった<u>ようです</u>。」味見して「このスープ、ちょっと塩が多い<u>ようです</u>。」という例文も考えられます。また、「ようだ」は直接断定しないため、「このスープ、ちょっと塩が多いようです。」は遠回しに言う婉曲表現にもなります。

　②比況は「喩え」です。「キムさんは大人ですが、無邪気で子どもの<u>ようです</u>。」などが比況の例文です。

　③例示は「例えば」と言う意味です。「チョコレートやケーキの<u>ような</u>甘い物が好きです。」は例示です。

❷「らしい」

「らしい」には①推量，②伝聞，③典型の3つの用法があります。「らしい」は客観的な表現のため，聞き手に不確かな印象や，無関心といった印象を与える場合があります。

①推量は，見たり聞いたりしたことから何かを推測するときに使われます。例えば，「サイレンが聞こえます。事故があった<u>らしい</u>です。」という例文も考えられます。ただし，冒頭のように「このスープ，ちょっと塩が多いらしいです。」のように言うと，自分が主観的に判断したことにもかかわらず不確かな感じがするため，不自然です。この場合，自分の体験や知覚から推測する時に使う「ようだ」が適切です。

②伝聞は，聞いたり読んだりして得た情報を伝えるときに使います。

③典型は「小学生のケン君は無邪気で子ども<u>らしいです</u>。」のように，ある典型的性質を持っているということを表します。

さらにもう一歩
❸様態・伝聞の「そうだ」「ようだ」「らしい」の違い

例えば，顔が赤く，元気ではないマリアさんを見て「熱があり<u>そうだ</u>。」，人の話を聞いて，「マリアさんは熱がある<u>そうだ</u>。」と言えます。また，マリアさんのおでこを触って「熱がある<u>ようだ</u>。」と言えるように，「ようだ」は見て，触って，自分で感じたことを言うときに使います。それから，人の噂話を聞いて「マリアさんは熱がある<u>らしい</u>。」と言えます。224ページにこのイラストがあります。

❹「みたいだ」

似たような表現に「みたいだ」もありますが，これは話し言葉でよく使われます。「ようだ」とほぼ同じで①推量，②比況，③例示の用法があります。

使える教材

★ペープサート……会話で使えます。227ページに作成キットがあります。
★絵カード……ポイント❸のイラスト。224ページにイラストがあります。
★道に人がたくさん集まっている絵……推量の「ようだ」，推量の「らしい」

で使います。225ページにイラストがあります。

導入例

推量の「ようだ」
◆スープの味について言う
【例】このスープ，ちょっと塩が多いようです。
　ホーム・パーティなどの場面を設定し，スープを飲んで味の感想を上の例文で伝えます。婉曲表現という説明をするのに「このスープ，塩が多いです。」という文と比べて，それぞれどのような印象を受けるか考えてもらうのもよいでしょう。

◆人が集まっている理由を考える
【例】有名人がいるようです。
　道に人がたくさん集まっている絵カードを見せるか，黒板に絵を書きます。そして教師が「あ，リムジンが止まっていますね。カメラマンがいます。有名人がいるようです。」なども考えられます。他にも「人の声が聞こえますね。音楽が聞こえますね。お祭りをしているようです。」なども言えます。

◆事故現場のニュースレポーター
【例】大きな事故のようです。
　事故現場のレポートを次のようにします。「事故のニュースが入りました。現場に向かっています。サイレンが聞こえます。パトカーや救急車がこちらに来ているようです。臭いもします。何か燃えているようです。人がたくさんいます。大きな事故のようです。今，現場に着きました。」

◆友達の家を訪ねる
【例】誰もいないようです。
　友達の家に行ってみたら，電気がついていない，カギがかかっている，洗濯物がないなど，家に誰もいない様子がみてとれる，などという場面を教師が説明します。他にも，「電気が消えていますね。誰もいないようです。」
「洗濯物もありませんね。留守のようです。」「隣の人に聞いてみました。

さっき，出かけたと言っていました。でも何時ごろだったのか，どこにいったのかは知らないようです。」など，全体の様子が表現できるように文を作っていくとよいでしょう。

比況の「ようだ」

【例】マリアさんは生の魚をよく食べます。サクラが好きです。日本人のようです。

　学習者にまず，「日本人」と聞いて，イメージすることを言ってもらいます。例えば「日本人は生の魚をよく食べます。」「サクラが好きです。」などです。そのあとに，マリアさんは日本人ではないということを言って，学習者の出した答えを使って例文を作ります。

「日本人」ではなく，他の国の人でもよいです。学習者によって国の持つイメージや考えが違うということがわかる導入になるでしょう。

例示の「ような」
◆どんな人になりたいか聞く

【例】父のような優しい人になりたいです。

　学習者に「どんな人になりたいか」考えてもらいます。そのあとに「例えば，それは誰ですか」と聞きます。そして例文のように提示します。

◆どんな食べ物が好きな尋ねる

【例】チョコレートのような甘い物が好きです。

　学習者に「甘い物と辛い物とどちらが好きか」考えてもらいます。そのあとに「例えば，それは何ですか」と聞きます。そして例文のように提示します。

推量の「らしい」
◆人が集まっている理由を考える
【例】有名人がいるらしいです。

　推量の「ようだ」と同じ導入ができます。「らしい」は客観的な表現のため，聞き手に不確かな印象や無関心といった印象を与えるという説明もあった方がよいでしょう。

伝聞の「らしい」
◆おいしいレストランの噂を聞く
【例】Aレストランはおいしいらしいです。

　2，3人の学習者に自由に「おいしいレストラン」について話してもらいます。教師はその話を聞き，「Aレストランはおいしいらしいです。」と別の人に伝えます。

◆学校の中での噂話をする
【例】次の日本語のテストは難しいらしいですよ。
　　　来年，マリア先生は別の学校に行くらしいよ。
　誰かが話しているのを聞いて，その噂話を他の人に伝えます。

典型の「らしい」
・国の持つイメージを聞く
【例】花子さんは生の魚をよく食べます。
　　　サクラが好きです。日本人らしいです。

　例えば，「日本人」と聞いて，イメージすることを言ってもらいます。他の国の人のイメージでもよいでしょう。比況の「そうだ」と似た導入で，「日本人」「○○人」と聞いて，イメージすることを学習者に言ってもらいます。この導入では，花子さんは日本人で，日本人の性質を持ち合わせているという意味を表します。反対に，日本人の性質を持ち合わせていないと思われる事例を挙げていき，「〜らしくない」の導入も可能です。

> この導入も，学習者が持つイメージや考えの多様性がわかる導入になります。

外国語では？

本文法項目は様態の「そうだ」，伝聞の「そうだ」と内容が重複するため，156〜157ページの「外国語では？」を参照してください。

コラム

親知らず

　日本語の授業のときに，どのような日本語トリビアを披露したことがありますか。ここでは以前私が学習者に披露した「親知らず」の例を紹介します。

　一般的には20代前後に生えてくるとされる「親知らず」。ほかの言い方では「智歯（ちし）」「第3大臼歯（だいきゅうし）」などとも呼ばれます。英語では「智歯」に当たる"wisdom tooth"と言いますが，これは知恵・分別がついてから生えてくる歯なのでこう呼ばれるそうです。ではなぜ日本語では「親知らず」とも言うのでしょうか。

　諸説ありますが，寿命がまだ短かった時代，親が亡くなってから子どもに生えてくる歯だったから，あるいは乳歯と違って親が関知しなくなった年頃に生えてくる歯だから，または乳歯を1世代上の親と見立てたとき，その親を知らない歯だから，などの説があります。

　以前このように説明した際，学習者は興味深そうに聞き入っていました。そして，「ず」は昔の「ない形」だという文法説明もできて，1粒で2度おいしいトリビアでした。

（高嶋）

27 「は」「が」

【助詞①】

誤用例

？どの方は田中さんですか。

中級・上級の学習者でも「は」と「が」の使い分けは難しいです。例えば，冒頭の見出し文は「どの方が」が正しいです。初級から出てくる「は」と「が」をどう使い分け，どう教えればよいでしょうか。

ポイント

❶総記

「どの方が田中さんですか」「あの方が田中さんです。」というように，「が」より前の名詞を強調して伝えるときに「が」を使います（総記と言います）。「何が」「誰が」「どれが」などのように疑問詞の後には「は」でなく，必ず「が」を使います。冒頭の見出し文が不自然なのは疑問詞と共に「は」を使っているからでした。

あの方が田中さんです

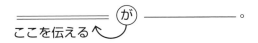

一方，「あの方は誰ですか。」と聞かれ，「（あの方は）田中さんです。」と，「は」より後ろの方の情報を伝えるときに，「は」を使います。

ここを伝える

また、「XはYです。」の文で、Xが所属や性質などを表す場合、「XがYです。」とは言い換えられません。例えば「社長は田中です。」は、「社長が田中です。」とは言い換えられません。

あの方は田中さんです

❷従属節
　従属節の中に入る場合には「が」を使い、入らない場合には「は」を使います。従属節とは、「と」「ば」「たら」などの条件節、「〜たあとで」「〜まえに」などの時間を表す節、「私が買った本」のような連体修飾節などを指します。

❸見たままの事実・性質や特徴
　あるものやことについて、見たままの事実を述べる文では「が」を使います。「サクラが咲いています。」「雨が降っています。」などのように自然について言うときは「が」を使うことが多いです。一方、「日本のサクラはきれいです。」「冬の雨は冷たいです。」などのように性質や特徴など一般的な事柄を述べる文では「は」がよく使われます。

❹新しい情報・古い情報
　「あります・います」で触れたように、存在文・所在文において「が」は新しい情報を示し、「は」は古い情報を示すと言われています。例えば、「この町においしいレストランがありますよ。そのレストランは駅の近くにあります。」のように、まず何があるかという情報を出し、その後にそれはどこにあるのかを伝えます。

❺対比
　「Aについては…だが、Bについては…」と対比して言うときには「は」を使います。例えば、「田中さんはパーティに来ますが、鈴木さんは来ませ

ん。」などです。

> さらにもう一歩

❻〈…は～が好きです〉

30ページで取りあげているように，「私はサッカーが好きです」という文の「が」は「対象」を意味します。「好きです」の文以外でも「嫌いです」「わかります」「ほしいです」などの文でも形は同じです。

❼「はが構文」その1

「ゾウは鼻が長いです。」「メアリーさんは髪が短いです」などの文は〈AはBが～〉の形をとり，「はが構文」と呼ばれます。「Aは」は主題と言って「Aについて言うと」ということを表します。上の例文ではBはAの一部です。

❽「はが構文」その2

「そのケーキは私が食べます。」「その時計は友達がくれました。」などの文も〈AはBが～〉の形を取る「はが構文」です。この「は」は，動作の対象を表す「を」を主題化したものです。

> 使える教材

★絵カード……総記を表すイラスト。226ページにイラストがあります。
★本……従属節，「はが構文」その2の導入で使います。
★サクラの写真……見たままの事実・性質や特徴の導入で使います。
★町の地図……新しい情報・古い情報の導入で使います。217ページにイラストがあります。
★世界地図……総記・対比の導入で使います。
★ゾウの絵カード……「はが構文」その1の導入で使います。226ページにあります。

導入例

◆総記
【例】A「世界の国の中で，どの国が一番大きいですか。」
　　　B「カナダじゃないです。中国じゃないです……
　　　　ロシアが一番大きいです。」
　この例文を使って，総記を表します。また疑問詞の後ろには「が」が使われることも注意して教えるとよいでしょう。

◆従属節
【例】これは 昨日私が読んだ本 です。
　実物の本を見せ，例文を言います。黒板に「これは 昨日私が読んだ本 です。」と書き，四角で節をわかりやすく示します。「これは ○○が書いた本 です。」「○○さんが書いた本 は人気です。」などいくつか例文を出し，規則を発見してもらいます。

◆見たままの事実・性質や特徴
【例】サクラが咲いています。日本のサクラはきれいです。
　サクラの写真を見せて，教師が上の例文を言います。

◆新しい情報・古い情報
【例】この町においしいレストランがありますよ。
　　　そのレストランは駅の近くにあります。
　町の地図を見せ，教師が上の例文を言います。このとき「が」と「は」を強調して言います。同じようにいくつか例文を出し規則を考えてもらいます。

◆対比
【例】8月の東京は暑いですが，8月のシドニーは涼しいです。
　世界の国土面積や気温・気候などを利用して，対比の意味を示します。使用する国名や地名は学習者にとって身近な方がよいでしょう。他にも，「この教室にテレビはありますが，パソコンはありません。」のように教室にあ

るものを使った例文でも可能です。

◆〈…は〜が好きです〉
　31〜32 ページを参照してください。

◆「はが構文」その１
【例】ゾウは鼻が長いです。
　ゾウの絵を書き，教師は「ゾウは…」と言って，ゾウの絵全体を指します。次に，「鼻が…」と言って，ゾウの鼻の部分を指します。最後に「長いです」と言います。指をさすことで，「は」と「が」のそれぞれの機能を学習者に考えてもらいます。「ウサギは目が赤いです。」「メアリーさんは髪が短いです。」などの文でもできます。

◆「はが構文」その２
【例】この本は友達がくれました。
　教師が本を見せ「この本は…」と言って，本に注意を向けます。次に，「友だちが…」と言って，友達の写真を見せます。そして最後に「くれました」と言います。他にも「この本は夏目漱石が書きました。」「この写真は私が撮りました。」などの文も考えられます。

外国語では？

　「は」「が」の使い分けは，本書で取り上げている６つの言語には見られないため，学習者にとっては困難が伴います。何度も繰り返しインプットを行うことで，徐々に使い分けがわかるようになるでしょう。

コラム

いたします？致します？／ください？下さい？

　メールや文書作成において「いたします」「致します」「ください」「下さい」をどう使い分けていますか。実は目安となる基準があります。

　「いたします」は動詞の補助的な役割（補助動詞）として使う場合に用いられます。例えば「確認いたします」「参考にいたします」などです。これらは「確認する」「参考にする」などの動詞を謙譲語化するために「いたします」が用いられています。一方で「致します」は「不徳の致す限り」「思いを致す」などそのまま動詞として使う場合に用いられます。

　同様に「ください」「下さい」においても目安となる基準があります。それは，依頼したり指示したりして動作や行為などを要求する際は「ください」，実際に何かものを受け取りたいときは「下さい」を使います。以下に例文を記します。

　①温かいうちにお食べください。
　②よく話を聞いてください。
　③ティッシュを下さい。
　④コーヒーを２つ下さい。

　①・②は動作・行為で，③・④は実際の物を要求しています。
　ほかにも「テレビを買っておく」と「テレビを買って置く」も意味上の違いが出ます。「テレビを買っておく」は「事前にテレビを買うこと」を意味する一方で，「テレビを買って置く」は「テレビを買って，それを置くこと」を意味します。

　ひらがなを使うべきか，漢字を使うべきか，迷ったときは目安として「補助的に使われる場合はひらがな表記になる」と覚えておくとよいでしょう。

（高嶋）

28 場所の「に」と「で」

【助詞②】

> **誤用例**
>
> ?庭にパーティがあります。

「庭にプールがあります。」は正しい文ですが，冒頭の見出し文「庭にパーティがあります。」は不自然に聞こえます。なぜでしょうか。そして，これら2つをどのように教えれば，適切に使い分けられるようになるでしょうか。

ポイント

❶場所の「に」

何かが存在する場所に使うのが「に」です。例文を見てみましょう。例えば「私は図書館にいます。」「キッチンにサイフが置いてあります。」「新宿に住んでいます。」などの「に」は存在する場所，つまり存在点を示しています。

「図書館にいます。」

❷場所の「で」

　何かが行われる場所に使うのが「で」です。「私は図書館で勉強しています。」「よくキッチンで歌っています。」「新宿で遊びましょう。」などの「で」は動作する場所，つまり動作点を示しています。他にも「新宿でパレードがあります。」のように，**できごとが行われる場所**を示すときにも「で」が使われます。

　冒頭の見出し文の「庭にパーティがあります。」が不自然である理由は「パーティ」が，「プール」のような単なる物ではなく，できごとだからです。

「図書館で勉強しています。」

さらにもう一歩
❸そのほかの場所の「に」

　「勤める」もその場所に所属していることから「〜に勤める」となります。また，「駅に行きます。」「家に帰りました。」などの移動動詞では，「**に**」は**到着点**を表します。「通う」も習慣的にその場所に移動していることから「〜に通う」となります。加えて「いすに座ります。」「壁にポスターを張ります。」などの「に」は帰着点を表します。これらをまとめると，**存在点・到着点・帰着点を表し，ある場所に密着するイメージを持つのが「に」**です。

使える教材

★ペープサート……存在する場所や目的地に近づく様子を表します。227ページに作成キットがあります。

導入例

〈に〉
◆存在する場所「に」
【例】教室にいます。

　ポイント❶で使った例文をいくつか並べます。そこから規則性を学習者に考えてもらいます。他にも例文として「東京に住んでいます。」「友達の家に泊まります。」などもあります。

◆移動動詞の「に」
【例】駅に行きます。

　上の導入と同じように例文から予想してもらいます。他の例文として「空港に着きました。」「学校に来ました。」などもあげられます。「〜に行く」「〜に来る」「〜に帰る」など、移動動詞と共に使われる「に」は、「へ」に入れ替えることができます。詳しくは11ページを参照してください。

◆帰着点の「に」
【例】ごみ箱にごみを捨てます。

　この例文では、ごみを箱と捨てたごみがくっついていて、密着しているイメージが理解しやすいです。他にも「いすに座っています。」の例文で、「いす」と「おしり」に焦点を置くこともできます。他にも「壁に絵をかけます。」「手紙に切手を貼ります。」などの例文でも導入できます。

〈で〉
◆動作する場所「で」
【例】図書館で勉強しています。

　「に」と同じく例文から規則を考えます。他の例文として「スーパーで買い物をしました。」「レストランで日本料理が食べたいです。」などもあげられます。

◆できごとの場所「で」

【例】今週末，友達の家でパーティがあります。
　　　来月，大阪でお祭りがあります。
　　上の例文から学習者は規則を考えます。

◆「に」と「で」をまとまりのある1つの文章で提示して導入する

【例】今週の土曜日，田中さんの家の庭でパーティがあります。いっしょに田中さんの家に行きませんか。田中さんの家はとても大きいです。庭にプールがあります。その庭でおいしいバーベキューを食べましょう。

外国語では？

英語

in や at などを使います。

 スペイン語

en や a は場所を表すときに使われます。

フランス語

à や en，dans などは場所と共に使われます。

 中国語

場所と共に"在"が使われます。書き言葉では時折"于"も使われます。

 ベトナム語

場所と共に ở や tại が使われ，「に」「で」などと訳されます。

モンゴル語

日本語の「に」「で」に相当する与位格 д が使われます。

場所を表す要素は各言語に存在しますが，「に」「で」のような使い分けはないようです。そのため，正しいものが瞬時に出るようになるまでは時間を要すると思われます。

コラム

『**日本語の面白い表現**』

　日本語学習者にとって面白い日本語表現がいろいろあります。「別腹」もその1つです。例えば，食事をしたあと，デザートやお菓子などの甘いものを食べるとき，「甘いものは別腹だから，まだ食べることができるよ。」などと言えます。お腹がいっぱいでも，甘いもの専用のもう1つのお腹があるという表現です。

　他にも「猫舌」という表現も面白いようです。「猫舌」とはご存知のとおり，熱い物を食べたり，飲んだりするのが苦手なことを言います。人間以外の動物は火を使いません。そのため動物は熱い物に慣れていなく，もともと動物は熱いものを口にしないそうです。というのも，やけどをしたら，ものが食べられなくなる，すなわちそれは即，生死につながるからです。では，なぜ使われる動物は猫なのでしょうか。それは猫が昔から人間と共に室内で生活する動物だったからで，熱いものをゆっくり食べている動作を見て「猫舌」と言った，という説があるそうです。

(高嶋)

コラム

母音にも性があるモンゴル語

　日本語の母音は「あ・い・う・え・お」の5つですが，モンゴル語の母音は a, o, y, э, ө, ү, и の7つです。そして a, o, y は男性母音，э, ө, ү は女性母音，и(й) は中性母音というグループに分けられます。男性母音が含まれる単語は男性語と言い，女性母音が含まれる単語は女性語と言います。例えば，馬乳酒を意味する айраг，モンゴルを意味する Монгол，自転車を意味する дугуй，これらは男性母音が含まれているため，すべて男性語です。一方，女性を意味する эмэгтэй，卵を意味する өндөг，ペンを意味する үзэг，これらは女性母音が含まれているため，すべて女性語です。不思議なことに男性を意味する эрэгтэй は女性母音が使われているので，女性語となり，娘を意味する охин は男性母音が使われているので，男性語となります。原則として男性母音と女性母音が単語中に併存することはありません。これを母音調和と言います。中性母音においては，男性母音，女性母音どちらとも併存できます。

　性を区別しない日本語からすると，性による母音のグループ分けがある言語というのは非常に興味深く感じます。　　　　　　　（髙嶋）

29 「よ」「ね」「よね」

【助詞③】

> **誤用例**
> A:「明日は試験ですね。」
> B:「?ええ，そうですよ。」

　友達同士で試験について話していますが，Bの「よ」は「ね」の方が自然に聞こえます。なぜでしょうか。そして終助詞の「～よ」「～ね」「～よね」はどのように指導すればよいのでしょうか。

ポイント

❶「よ」「ね」「よね」

　「～よ」は，聞き手が情報を知らないと考え，話し手がその情報を伝えるときに多く使われます。「～ね」は，話し手も聞き手も共通の情報を持っていると考え，話し手が確認や同意を求めたり，同意を示したりするときに使われます。「～よね」も両方とも情報を持っていると考え，確認や同意を求める際に使いますが，聞き手の方がより多く知っていると思われるときによく使われます。どういうことか，実際に例文で確認していきましょう。

　まず「よ」です。例えば，A:「明日は試験ですよ。」B:「知りませんでした。」という会話が考えられます。このとき，AはBが試験のことを知らないと考え，試験の情報を「よ」を使って伝えています。

　次に「ね」です。A:「明日は試験ですね。」B:「ええ，そうですね。」という例文です。この会話では，A，B共に試験の情報を共有していると双方が考え，「ね」を使っています。冒頭の見出し文が不自然である理由は，お互いに情報を共有しているはずなのに「よ」を使って答えているからでした。

　最後に「よね」です。例えばA:「明日は試験ですよね。」B:「ええ，9

時からです。」という会話も考えられます。Aは「Bの方が試験の情報を持っている」と考え、「よね」を使っています。そして、Bがより詳しい試験の情報を伝えています。

[さらにもう一歩]
❷使用上の注意点その１
　これらの終助詞の使用には、話し手と聞き手の親疎関係や、文体・スタイルも影響します。例えば、「宿題しましたか。」という教師からの質問に対する答えとしては「はい、しましたよ。」のように「よ」を使うと、教師に対して強く主張しているように聞こえてしまいます。この場合、「よ」を使わずに「はい、しました。」と答えた方が自然です。冒頭の誤用も、「そうですよ。」と述べることで「そんなことも知らないと思っていましたか。もちろん準備はしていますよ。」などと「聞かれて気分を害した」といった意味合いが出てしまうので、「そうですね」の方が、文として座りがよく聞こえるのです。一方で、クラスメート同士の会話では「宿題した？」「うん、したよ。」と言うことができます。

　ただし「昨日言ったよね。明日映画を見に行くよ。いいね。いっしょに行くよね。」のように終助詞「よ」「ね」「よね」を使いすぎると、しつこい印象や失礼な印象を与えるので、注意が必要です。

❸使用上の注意点その２
　「ね」は「もう寝ますね。」というような自身の動作を伝える際にも使えます。さらに「もう寝ます。」と「もう寝ますね。」とを比べると、「もう寝ますね。」の方が柔らかく聞こえます。

　また「ミンさんですね。」という確認に対して「はい、そうですね。」のように「ね」を使って答えると不自然になってしまいます。明らかにわかっていることを伝える際は「ね」を使わずに「はい、そうです。」と答えた方が自然です。

使える教材
★以下のようなイラストを用いることで、使い分けが視覚的にわかる導入が

できます。

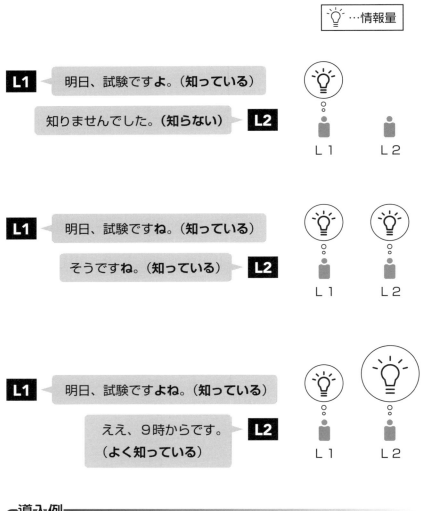

…情報量

導入例

「よ」
◆**学習者が知らない情報を伝える**
【例】あのレストランンはおいしいですよ。
　学習者に「X（レストランの名前）を知っていますか。」と尋ね,「知りま

せん。」という返答が来たら，「Xはおいしいですよ。」とレストランの情報を伝えます。

「ね」
◆教師・学習者共に共有している話題を提示する
【例】今日は寒いですね。
　天気や気温の話題を出し，確認をします。天気・気温以外にも「来週は休みですね。」のように授業に関する話題など，共有している情報なら何でもよいです。

「よね」
◆クラス内の学習者に同意を求める
【例】マンゴーはおいしいですよね。
　１人の学習者に好きなフルーツを尋ね，返ってきた答えを用いて「Nはおいしいですよね。」と他の学習者に同意を求めます。フルーツ以外にも食べ物や飲み物でもよいです。

◆絵教材を使う
【例】明日試験です（よ／ね／よね）。
　絵教材を使い，導入できます。この絵教材では，３つの終助詞の意味・用法をそれぞれの場面から提示できます。

外国語では？

 英語

　"〜, isn't it?" "〜, don't you?" などの付加疑問文で確認や同意を求めることができます。また "〜right?" で確認をすることもできます。

 スペイン語

　文末に上昇イントネーションで "¿verdad?" をつけると，確認や同意を

求める意味になります。下降イントネーションで verdad と言えば、相手への同意を表すことができます。そのほかに cierto なども使えます。

フランス語

確認や同意を求めるときは文末に"〜n'est-ce pas?"を付加します。"〜hein"だとくだけた確認の表現になります。

中国語

中国語では、感情や気持ちを表すときに使われる語気助詞があります。例えば"吧"は、依頼や命令の表現の際「〜してくださいね」などのように語気を和らげたり、「〜ですよね」のように同意を求めたりするときに使われます。他にも「本当に〜ですね」のように驚きや感嘆を表す"啊"などもあり、文脈によって使われる語気助詞が変わります。

ベトナム語

相手に新情報を告知する場合や相手の注意を喚起する場合は"〜đấy"という文末詞を使います。確認、同意と共感を要求するときに使う文末詞は"〜nhỉ"です。また、勧誘するときや催促する意を表すとき、"〜nhé"が使われます。

モンゴル語

話し手がある情報を伝える場合は"〜шүү"を使います。聞き手が持っている情報とは違うことを話し手が伝える場合は"〜шүү дээ"で主張することができます。さらに"〜биз дээ"で「〜ですよね」のように確認することができます。

このように情報を伝えたり、確認や同意を求めたりする表現は各言語にも存在しますが、日本語の「よ」「ね」「よね」とは意味・用法が完全に対応し

ているわけではないので，ひとつずつ学習する必要があります。

コラム

日本語学習者が参加する日本・日本語関連イベント

　世界中のいたる所で日本や日本語に関連するイベントが行われています。本コラムでは，世界で行われているイベントの事例を紹介します。これらの日本・日本語関連イベントは大きく分けて4つにカテゴリー化できます。

　1つ目は，文化紹介・体験型イベントです。この場合の文化とは，書道や着物，茶道，折り紙などの伝統文化から，映画・ドラマ鑑賞，コスプレなどの現代文化まで多種多様です。そのほかにも，日本料理体験，日本祭りなどもあります。

　2つ目は，日本語話者との交流型イベントです。例えば，日本語話者との会話交流，日本からの留学生受け入れ，現地邦人宅への家庭訪問，他地域の学校との交流会などが考えられます。

　3つ目は，日本語使用型イベントです。一例としては，日本の歌・カラオケ，日本語での劇・映画作り，日本語プレゼンテーションなどがあります。

　最後は，コンテスト型イベントです。日本語スピーチコンテスト，歌唱コンクール，書写・書道コンクール，動画コンテスト，作文コンクール，日本ファッションショーなどです。

　また4つの分類を越えて，複数のイベントを組み合わせて実施することも可能です。例えば，交流型と体験型を組み合わせたものとして，日本語話者をゲストとして迎え交流しつつ，協力して日本料理を作るという活動もできます。

　このように，さまざまなイベントが考えられますが，目の前にいる学習者にとって最適なイベントを行うためには，彼らのニーズや興味・関心を把握し，それらを踏まえて企画することが大切だと思います。

（高嶋・内山）

30 「から」「ので」

【助詞④】

誤用例
?この漢字がわからないから，教えてください。

「から」と「ので」とでは聞き手の受ける印象が違います。どのように違うのでしょうか。考えていきましょう。

ポイント

❶「から」と「ので」の違い
「この漢字がわからない<u>から</u>，教えてください。」「この漢字がわからない<u>ので</u>，教えてください。」では何が違うのかというと，前者の文では，「から」を使っているため，聞き手には「わからないから，教えてもらって当然だ」と少し強い印象を与えてしまいます。反対に後者の「ので」を用いた文では，強い印象は与えず，柔らかい依頼になります。

❷「から」
「A から B」は，理由を述べるときに使いますが，A を理由として，当然 B をする（B になる）というような意味合いが出ます。**自分のために相手に何か依頼するときや，何か自分に非があって理由を説明するときなどに「から」を使うと，強い口調に聞こえる**ため，注意する必要があります。一方で「クッキーを作りました<u>から</u>，ぜひ食べてください。」のように相手のことを思い，何かを勧める場合は「から」を使っても問題ありません。
また「時間がない<u>から</u>，急げ。」「危ない<u>から</u>，走るな。」のように **B が命令や禁止の場合には，「から」**が使われます。「時間がない<u>ので</u>，急いでください。」のような指示表現などでは「から」も「ので」も使えます。

❸「ので」
　「AのでB」も，理由を述べるときに使いますが，「から」とは違い，Aを理由として，当然Bをする（Bになる）といった意味合いが弱まります。そのため，**依頼するときや，何か自分に非があって理由を説明するときは，「ので」が好ましいです**。例えば「忙しかったから，宿題ができませんでした。」よりも「忙しかったので，宿題ができませんでした。」の方が柔らかい理由説明になります。

[さらにもう一歩]
❹**文末の「からです」**
　「お好み焼きが好きです。おいしいし，作り方も簡単だからです。」とは言えますが，「お好み焼きが好きです。おいしいし，作り方も簡単なのでです。」とは言えません。このように，理由を言って文末を「です」で終わらせる場合は「からです」を使います。

❺**誤用の「なので」**
　「魚が好きじゃないです。なので，おすしを食べたことがありません。」と，接続詞のように「なので」を文頭に使うのは文法的に誤りです。この場合，「魚が好きじゃないです。だから，おすしを食べたことがありません。」が正しいです。「なので」の形になるのは「星がきれいなので，外へ行きませんか。」「雨なので，走りましょう。」のように「ので」の前にな形容詞，または名詞が置かれるときだけです。

使える教材

★ペープサート……教師と学習者の会話で使います。227ページに作成キットがあります。

導入例

◆「から」と「ので」を比較して提示する
【例】この漢字がわからない（から／ので），教えてください。
　　　忙しかった（から／ので），宿題ができませんでした。
　授業での場面を設定し，ペープサートを使い，これらの例文を出します。何が違うのかを考えてもらい，そのあとポイント❶～❸の説明をします。

◆文末の「からです」
【例】A：「日本料理の中で何が一番好きですか。」
　　　B：「お好み焼きが一番好きです。」
　　　A：「どうしてですか。」
　　　B：「おいしいし，作り方も簡単だからです。」
　上の例文のように自分の好みの理由を言って文末を「です」にする場合，「からです」が使われるということも，この例文で説明できます。

□の部分は自由に変えることができます。

外国語では？

 英語

　一般的に so を使いますが，理由を明確に言うときは because が使われます。改まった言い方として as や since などもあります。

 スペイン語

　porque や por eso などを使います。

フランス語

聞き手が理由を知らないときは parce que，知っているときは puisque で理由を述べます。また comme も文頭に置くことで理由を表せます。

 ### 中国語

"因为"や"由于"で理由を表します。"因为〜所以…"，"由于〜因此…"で「〜という理由で…」というように因果関係を明確に表すことができます。

 ### ベトナム語

理由を述べるときは bởi vì や tại vì を使います。"bởi vì 〜nên…"，"tại vì 〜 nên…"で「〜の理由により…」となります。

 ### モンゴル語

учраас や話し言葉でよく使われる болохоор で理由を表します。

　各言語に理由を伝える表現はさまざまありますが，使い方は日本語の「から」「ので」と対応しているわけではありません。それぞれがどのような場面で使われるかが把握できるよう，導入する必要があります。

付録1　練習問題実例集

　これまで見てきた 30 のポイントそれぞれについて，一通り学習者が要点を学んだあとに，次のような練習問題を用意し，使い分けを整理する方法もあります。参考にしてください。解答は 202 ページ以降にあります。

1 「これ」「それ」「あれ」── 指示語
正しいものを選んでください。
(1)

A：(これ ・ それ ・ あれ) はコーヒーですか。
B：いいえ，(これ ・ それ ・ あれ) はコーヒーじゃないです。

(2)

A：(これ ・ それ ・ あれ) はイタリアのかばんですか。
B：はい，(これ ・ それ ・ あれ) はイタリアのかばんです。

(3)

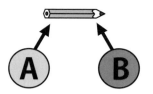

A:(これ ・ それ ・ あれ)はケンさんのペンですか。
B:いいえ,(これ ・ それ ・ あれ)はケンさんのじゃないです。

(4)

A:(これ ・ それ ・ あれ)は誰のカメラですか。
B:(これ ・ それ ・ あれ)はキムさんのカメラです。

(5)

A:(これ ・ それ ・ あれ)は何ですか。
B:(これ ・ それ ・ あれ)はサクラです。

2 「行きます」「来ます」── 動詞①

正しいほうを選んでください。
(1) 明日,私はインドに(行きます ・ 来ます)。
(2) 昨日,母はスーパーに(行きました ・ 行きます)。

(3) （自分の家で）
　　今日，友達が私の家に（ 来ます ・ 行きます ）。
(4) （自分の家で）
　　今日，私は友達の家に（ 来ます ・ 行きます ）。
(5) （学校で）
　　A：今朝，何で学校に（ 行きましたか ・ 来ましたか ）。
　　B：バスで（ 行きました ・ 来ました ）。

3　「あります」「います」── 動詞②

正しいほうを選んでください。
(1) あそこにえんぴつが（ あります ・ います ）。
(2) 教室にマキ先生が（ あります ・ います ）。
(3) 部屋の中に犬が（ あります ・ います ）。
(4) ロビンさんはテレビの横に（ あります ・ います ）。
(5) ロビンさんの本は机の上に（ あります ・ います ）。
(6) スーパーは銀行と図書館の間に（ あります ・ います ）。

4　い形容詞・な形容詞 ── 形容詞①

正しいものを選んでください。
(例) 昨日は（　　）です。
　　a. 暑い　　　　b. 暑くない　　　　ⓒ 暑かった
(1) あの（　　）女性は誰ですか。
　　a. きれい　　　b. きれいの　　　　c. きれいな
(2) このテレビは全然（　　）です。
　　a. 新しい　　　b. 新しくない　　　c. 新しかった
(3) 1年前，この町はあまり（　　）。
　　a. しずかです　b. しずかでした　　c. しずかじゃなかったです
(4) 先週の天気はとても（　　）。
　　a. いいでした　b. よかったです　　c. いかったです
(5) 日本の（　　）スポーツは何ですか。

a. ゆうめいな　　b. ゆうめい　　　　c. ゆうめいの

5 「～が好きです」── 形容詞②

文を作ってください。
（例）ジェニーさん・犬・好き
　　　ジェニーさんは犬が好きです。
(1) 私・フルーツ・とても・好き
　⇒＿＿＿＿＿＿＿＿＿＿＿＿＿＿＿＿。
(2) エリカさん・猫・全然・好き
　⇒＿＿＿＿＿＿＿＿＿＿＿＿＿＿＿＿。
(3) A：スポーツ・何・好き
　⇒＿＿＿＿＿＿＿＿＿＿＿＿＿＿＿か。
　B：私・サッカー・好き
　⇒＿＿＿＿＿＿＿＿＿＿＿＿＿＿＿＿。
(4) マリオさん・コーヒー・あまり・好き
　⇒＿＿＿＿＿＿＿＿＿＿＿＿＿＿＿＿。

6 「あげます」「もらいます」「くれます」── あげもらい①

例のように矢印を書いてください。
（例）私はマリーさんに花をもらいました。
　　　　私　　←　　マリー
(1) ケンさんはマリーさんに時計をもらいました。
　　　　ケン　　　　　マリー
(2) マリーさんは私にペンをくれました。
　　　　私　　　　　　マリー
(3) 私はマリーさんにりんごをあげました。
　　　　マリー　　　　私
(4) ケンさんは私に時計をくれました。
　　　　ケン　　　　　私
(5) マリーさんはケンさんに本をあげました。

ケン　　　　　マリー

7　「～てあげます」「～てもらいます」「～てくれます」
　　　── あげもらい②

例のように矢印を書いてください。
（例）　私はマリーさんに花を買ってもらいました。
　　　　　私　　←　　マリー
(1)　ケンさんはマリーさんに英語を教えてもらいました。
　　　　　ケン　　　　　マリー
(2)　マリーさんは私に手紙を送ってくれました。
　　　　　私　　　　　　マリー
(3)　私はマリーさんにお金を貸してあげました。
　　　　　マリー　　　　私
(4)　ケンさんは私のカバンを持ってくれました。
　　　　　ケン　　　　　私
(5)　私はケンさんにノートを見せてあげました。
　　　　　ケン　　　　　私

8　自動詞・他動詞 ── ヴォイス①

正しいほうを選んでください。
(1)　気をつけてください。ドアが（ 閉まります ・ 閉めます ）。
(2)　すみません、私がコップを（ 割れました ・ 割りました ）。
(3)　あのパソコンはすぐに（ 壊れる ・ 壊す ）から、困ります。
(4)　ポケットからお金が（ 落ちた ・ 落とした ）。
(5)　タクシーを（ 止まりました ・ 止めました ）。
(6)　木が（ 倒れました ・ 倒しました ）。

9　受身 ── ヴォイス②

例のように正しいほうを選んでください。

（例）マリーさんはケンさんに叱られました。叱ったのは誰ですか。
　　　　　(ケン)　　　　　　マリー
(1)　私はケンさんにケーキを食べられました。食べたのは誰ですか。
　　　　　私　　　　　　ケン
(2)　ケンさんはマリーさんを呼びました。呼んだのは誰ですか。
　　　　　マリー　　　　　ケン
(3)　私はマリーさんに褒められました。褒めたのは誰ですか。
　　　　　マリー　　　　　私
(4)　私はマリーさんを叱りました。叱ったのは誰ですか。
　　　　　ケン　　　　　　私
(5)　ケンさんはマリーさんに足を踏まれました。踏んだのは誰ですか。
　　　　　ケン　　　　　　マリー

10　使役 —— ヴォイス③

例のように正しいほうを選んでください。
（例）マリーさんはケンさんに掃除をさせました。掃除をしたのは誰ですか。
　　　　　マリー　　　　　(ケン)
(1)　私はケンさんを買い物に行かせました。行ったのは誰ですか。
　　　　　私　　　　　　　ケン
(2)　マリーさんは私を公園に行かせてくれました。行ったのは誰ですか。
　　　　　私　　　　　　　マリー
(3)　私はケンさんにパソコンを使わせてもらいました。使ったのは誰ですか。
　　　　　ケン　　　　　　私
(4)　マリーさんはケンさんに宿題をさせました。宿題をしたのは誰ですか。
　　　　　ケン　　　　　　マリー
(5)　マリーさんは私に洗濯をさせました。洗濯をしたのは誰ですか。
　　　　　マリー　　　　　私

11 普通体 ── 文体・スタイル①

普通形に変えてください。
(例) 山田さんは (学生です ⇒ 学生だ)。
(1) 昨日は，テニスをしたり，買い物に行ったり
　　(しました ⇒ 　　　　　　)。
(2) 毎晩，10時に (寝ます ⇒ 　　　　　　)。
(3) 今，トムさんは (勉強しています ⇒ 　　　　　　)。
(4) 明日，病院に (行かなければなりません ⇒ 　　　　　　)。
(5) 私は早く (泳ぐことができます ⇒ 　　　　　　)。
(6) 妹のかばんが (ありません ⇒ 　　　　　　)。
(7) おふろに入って，ご飯を (食べます ⇒ 　　　　　　)。
(8) 昨日，どこにも (行きませんでした ⇒ 　　　　　　)。

12 尊敬語 ── 文体・スタイル②

尊敬語を書いてください。
(例) 先生は私に手紙を送って (くれました ⇒ くださいました)。
(1) 部長はどのような本を (読みます ⇒ 　　　　　　)か。
(2) Ａ：先生はどちらですか。
　　Ｂ：先生はもう (帰りました ⇒ 　　　　　　)よ。
(3) 先輩はあの映画をもう (見ました ⇒ 　　　　　　)か。
(4) 社長が「新しい製品を作る」と (言いました ⇒ 　　　　　　)。
(5) 課長，Ｃ社の森さんを (知っています ⇒ 　　　　　　)か。

13 謙譲語 ── 文体・スタイル③

謙譲語を書いてください。
(例) 初めまして。田中と (言います ⇒ 申します)。
(1) 上司：金曜日の予定は。
　　部下：金曜日は大阪に (います ⇒ 　　　　　　)。
(2) 上司：明日までにレポートを出しておいて。

部下：はい，今晩メールで（ 送ります ⇒　　　　　　）。
(3)　課長，私がそのカバンを（ 持ちます ⇒　　　　　　）。
(4)　この資料を（ 見て ⇒　　　　　　）もよろしいでしょうか。
(5)　A：そのケーキ，おいしそうですね。
　　B：鈴木さんに（ もらいました ⇒　　　　　　）。

14　「［自動詞］ています」「［他動詞］てあります」
　　　── テンス・アスペクト①

正しいほうを選んでください。
(例)　あ，窓が開いて（　　　　）。
　　　　ⓐ．います　　　b．あります
(1)　母の部屋に絵がかけて（　　　　）。
　　　　a．います　　　b．あります
(2)　ここに問題の答えが書いて（　　　　）。
　　　　a．います　　　b．あります
(3)　コップが割れて（　　　　）から，気をつけてください。
　　　　a．います　　　b．あります
(4)　あそこにさいふが落ちて（　　　　）。
　　　　a．います　　　b．あります
(5)　その服は着てもいいですよ。
　　　洗濯して（　　　　）から。
　　　　a．います　　　b．あります
(6)　見てください。時計が止まって（　　　　）よ。
　　　　a．います　　　b．あります

15　「～ておきます」── テンス・アスペクト②

正しい言葉を□から1つ選んで，「～おきます」の形にしてください。

| 行きます | 並びます | 並べます | 閉めます | 閉まります |
| そうじします | 勉強します | つきます | つけます | |

（例）お客さんが来るから，部屋を（ そうじして ）おきました。
(1) 試験の前に，よく（　　　　　）おきます。
(2) 映画を見る前に，トイレに（　　　　　）おいたほうがいいです。
(3) パーティーが始まる前に，テーブルといすを（　　　　　）おきましょう。
(4) 誰も来ないから，ドアを（　　　　　）おきました。
(5) そのまま電気を（　　　　　）おいてください。

16　「～ところ」「～たばかり」── テンス・アスペクト③

次の文では「ところ」と「ばかり」のどちらが適当ですか。
(1) A：「もしもし，あとどのぐらいでうちに着きますか。」
　　 B：「ちょうどバスを降りた（　　　）なので，あと5分で着きます。」
　　　　a．ところ　　　　b．ばかり
(2) A：「来週，京都に行きませんか。」
　　 B：「先月行った（　　　）なので，ちょっと……。」
　　　　a．ところ　　　　b．ばかり
(3) A：「明日，漢字の試験がありますよね。」
　　 B：「ええ，私も今，思い出した（　　　）です。」
　　　　a．ところ　　　　b．ばかり
(4) A：「この電話，使えませんね。」
　　 B：「先週買った（　　　）なのに，もう壊れてしまいました。」
　　　　a．ところ　　　　b．ばかり

17　連体修飾 ── 従属節①

正しい形に変えてください。
（例）これは（ キムさんは買いました ⇒ キムさんが買った ）ノートです。
(1) 昨日学校に（ 来ませんでした ⇒　　　　　）人は誰ですか。
(2) 明日（ 乗ります ⇒　　　　　）電車は，10時に駅を出ます。
(3) あそこで（ テニスをしています ⇒　　　　　）人は，

私の妹です。
(4) 時間が（ありません ⇒　　　　　　）日は，掃除をしなくてもいいです。
(5) チョウさんの行ったことが（あります ⇒　　　　　　）国は韓国と日本です。
(6) 1時から2時までは昼ご飯を（食べます ⇒　　　　　　）時間です。
(7) 私は（母は作りました ⇒　　　　　　）ごはんを食べたいです。
(8) （住んでいます ⇒　　　　　　）所はどこですか。

18　「〜と」「〜ば」「〜たら」──従属節②

「と」「ば」「たら」を使って文を作れますか。作れるものに「○」を書いてください。
(1) 春が来ます。暖かくなります。⇒（いつも）
　→【と】（　　）春が来ると，暖かくなります。
　　【ば】（　　）春が来れば，暖かくなります。
　　【たら】（　　）春が来たら，暖かくなります。
(2) 教室に入りました。先生が立っていました。⇒（〜ました）
　→【と】（　　）教室に入ると，先生が立っていました。
　　【ば】（　　）教室に入れば，先生が立っていました。
　　【たら】（　　）教室に入ったら，先生が立っていました。
(3) 明日雨が降りません。旅行します。⇒（もしも〜）
　→【と】（　　）明日雨が降らないと，旅行します。
　　【ば】（　　）明日雨が降らなければ，旅行します。
　　【たら】（　　）明日雨が降らなかったら，旅行します。
(4) 朝ごはんを食べます。友達と会います。⇒（順番）
　→【と】（　　）朝ごはんを食べると，友達と会います。
　　【ば】（　　）朝ごはんを食べれば，友達と会います。
　　【たら】（　　）朝ごはんを食べたら，友達と会います。

19 「〜なら」── 従属節③

「〜なら」を使って文を作ってください。
(例)（雨 ⇒ 雨なら），でかけません。
(1) 空が（きれいです ⇒　　　　　　），星が見えるかもしれません。
(2) もし時間が（あります ⇒　　　　　　），遊びませんか。
(3) （かぜです ⇒　　　　　　），家で休んだほうがいいですよ。
(4) （日本料理です ⇒　　　　　　），うどんがおいしいですよ。
(5) 松本さんがパーティーに（行きます ⇒　　　　　　），私も行きます。

20 「〜ように」「〜ために」── 従属節④

次の文では「ように」と「ために」のどちらが適当ですか。
(例1) 日本に留学できる（　　　　），たくさん勉強します。
　　　　ⓐ．ように　　　　b．ために
(例2) 日本に留学する（　　　　），たくさん勉強します。
　　　　a．ように　　　　ⓑ．ために
(1) テストでいい点が取れる（　　　　），たくさん勉強しました。
　　　　a．ように　　　　b．ために
(2) たくさんの人が集まる（　　　　），メールでパーティのことを伝えました。
　　　　a．ように　　　　b．ために
(3) 将来の（　　　　），貯金しています。
　　　　a．ように　　　　b．ために
(4) みんなが見える（　　　　），黒板に大きく書いてください。
　　　　a．ように　　　　b．ために
(5) 新しい時計を買う（　　　　），お金を貯めています。
　　　　a．ように　　　　b．ために

21 「～がほしいです」—— ムード・モダリティ①

文を作ってください。
(例) 私・犬・ほしい
⇒ 私は犬がほしいです。
(1) 私・ギター・ほしい
⇒_____。
(2) 私・何も・ほしい
⇒_____。
(3) 私・新しい・靴・ほしい
⇒_____。
(4) A：誕生日・何・ほしい・
⇒_____か。
　　B：時計・ほしい
⇒_____。

22 「～たいです」—— ムード・モダリティ②

正しい言葉を□から1つ選んで,「～たいです」の形で書いてください。

| 読みます　買います　とります　食べます　行きます |
| 泳ぎます　します |

(例) 新しい時計を（ 買いたいです ）。
(1) 休みにフランスに（　　　　　）。
(2) 私はここで写真を（　　　　　）。
(3) 晩ご飯は何を（　　　　　）か。
(4) 友達とサッカーを（　　　　　）。
(5) 明日プールで（　　　　　）。

23 「〜てください」── ムード・モダリティ③

正しい形に変えてください。
(例) 日本語で (話します ⇒ 話して) ください。
(1) 教科書を (読みます ⇒　　　　　) ください。
(2) 窓を (開けます ⇒　　　　　) ください。
(3) (宿題をします ⇒　　　　　) ください。
(4) おいしいですから，このりんごを (食べます ⇒　　　　　) ください。
(5) ちょっと (待ちます ⇒　　　　　) ください。

24 「んです」── ムード・モダリティ④

「んです」を使って文を作ってください。
(例) いつ日本に (来ました ⇒ 来た) んですか。
(1) どこでその靴を (買いました ⇒　　　　　) んですか。
(2) A：誰からその時計を (もらいましたか ⇒　　　　　) んですか。
　　B：父からです。昨日 (誕生日でした ⇒　　　　　) んですよ。
(3) A：どう (しました ⇒　　　　　) んですか。
　　B：あたまが (いたいです ⇒　　　　　) んです。
(4) ここで写真を (とりたいです ⇒　　　　　) んですが，いいですか。

25 様態の「そうだ」・伝聞の「そうだ」── ムード・モダリティ⑤

正しい動詞の形にしてください。
(例) 空を見てください。雨が (降ります → 降り) そうですよ。
(1) 明日は雨が (降ります →　　　　　) そうです。新聞に書いてありました。

(2) A：マリアさん、笑っていますね。
    B：ええ、とても（ 楽しい →　　　　　）そうですね。
(3) あのレストランは（ おいしいです →　　　　　）そうだ。私の友達が言っていた。
(4) 危ない。コップが（ 落ちます →　　　　　）そうだ。
(5) キムさんによると、あの人は（ 学生です →　　　　　）そうです。

26 「ようだ」「らしい」── ムード・モダリティ⑥

次の文では「ようだ」と「らしい」のどちらが適当ですか。
（例）（ケーキを食べて）味がしないですね。砂糖が少ない（　　　）。
　　　ⓐ．ようです　　　　b．らしいです
(1) 先生の話によると、明日の試験は簡単（　　　）。
　　　a．ようです　　　　b．らしいです
(2) ワンさん：「のどが痛いんですが……。」
　　医者　　：「ちょっと口を開けてください……風邪をひいた（　　　）ね。お薬を出しておきます。」
　　　a．ようです　　　　b．らしいです
(3) ケンさんはとても上手に泳ぐ。魚（　　　）。
　　　a．のようだ　　　　b．らしい
(4) ケンさんはいつも遅刻する。
　　試験の日でも遅刻するとは彼（　　　）。
　　　a．のようだ　　　　b．らしい

27 「は」「が」── 助詞①

【問題1】
次の文では「は」と「が」のどちらが適当ですか。

昔々、ある所におじいさんとおばあさん（ は ・ が ）住んでいました。おじいさん（ は ・ が ）山へ行き、おばあさん（ は ・ が ）川へ行きました。おばあさん（ は ・ が ）おじいさん（ は ・ が ）いつも着ている服を

川で洗っていました。すると、大きな桃（は・が）流れてきました。おばあさん（は・が）その桃を家に持って帰りました。おじいさんとおばあさん（は・が）桃を切ろうとしたとき、中から元気な男の子（は・が）出てきました。その男の子（は・が）桃から出てきたので「桃太郎」という名前になりました。おじいさんとおばあさん（は・が）桃太郎を大切に育てました。

【問題２】
次の文では「は」と「が」のどちらが適当ですか。
(1) テーブルの上にケーキ（は・が）ありますが、そのケーキ（は・が）私のだから、食べないでくださいね。
(2) ある寒い夜、１人の女の子（は・が）いました。その女の子（は・が）道でマッチを売っていましたが、誰も女の子からマッチを買いませんでした。
(3) バス（は・が）来ました。
　　バス（は・が）便利な乗り物ですね。
(4) あそこにさくら（は・が）咲いています。
　　さくら（は・が）とてもきれいな花です。
(5) 森さん（は・が）昨日買った本を読んでもいいですか。
(6) 姉（は・が）作ったケーキ（は・が）おいしくなかった。
(7) 毎晩私（は・が）キムさん（は・が）走っているのを見ている。
(8) 鈴木さん（は・が）学校に来たが、山田さん（は・が）来なかった。
(9) キム：「どの方（は・が）ケンさんですか。」
　　ワン：「あの方（は・が）ケンさんです。」

28　場所の「に」と「で」── 助詞②

次の文では「に」と「で」のどちらが適当ですか。
(1) まどのそば（に・で）女の人が本を読んでいます。
(2) ワンさんは学校（に・で）来ていません。
(3) 映画館（に・で）映画を見ます。

(4) ロンドン (に ・ で) 住んでいます。
(5) 明日ここ (に ・ で) サッカーの試合があります。
(6) メアリーさんは車の中 (に ・ で) 寝ています。
(7) 毎日さくら学校 (に ・ で) 通っています。
(8) 道 (に ・ で) ごみがたくさんあります。

29 「よ」「ね」「よね」 —— 助詞③

正しいほうを選んでください。
(1) A：明日は何時に学校に行きますか。
　　B：明日は授業がありません。休みです (よ ・ ね)。
(2) A：今日は寒いですね。
　　B：ええ，そうです (よ ・ ね)。
(3) A：昨日のパーティーは楽しかったです (よ ・ よね)。
　　B：はい，本当に楽しかったです。
(4) A：週末，何する？
　　B：私は家族とキャンプに行く (よ ・ よね)。
(5) A：たしかこの銀行は3時までだ (ね ・ よね)。
　　B：ううん，4時までだよ。
(6) A：帰りましょうか。時計を見てください。
　　B：もう9時です (ね ・ よね)。帰りましょう。

30 「から」「ので」 —— 助詞④

次の文では「から」と「ので」のどちらが適当ですか。
(1) 危ない (　　　)，走るな。
　　　　a．から　　　　b．ので
(2) この漢字がわからない (　　　)，教えていただけませんか。
　　　　a．から　　　　b．ので
(3) 昨日全然テレビを見ませんでした。忙しかった (　　　) です。
　　　　a．から　　　　b．ので
(4) 時間がない (　　　)，急げ。

　　　　a．から　　　　　　b．ので

解答
1　「これ」「それ」「あれ」── 指示語
　(1)　A：これ・B：それ
　(2)　A：それ・B：これ
　(3)　A：これ・B：これ
　(4)　A：これ・B：それ
　(5)　A：あれ・B：あれ

2　「行きます」「来ます」── 動詞①
　(1)　行きます
　(2)　行きました
　(3)　来ます
　(4)　行きます
　(5)　来ましたか・来ました

3　「あります」「います」── 動詞②
　(1)　あります
　(2)　います
　(3)　います
　(4)　います
　(5)　あります
　(6)　あります

4　い形容詞・な形容詞 ── 形容詞①
　(1)　c．きれいな
　(2)　b．新しくない
　(3)　c．しずかじゃなかったです
　(4)　b．よかったです
　(5)　a．ゆうめいな

5 「～が好きです」── 形容詞②
(1) 私はフルーツがとても好きです。
(2) エリカさんは猫が全然好きじゃ（では）ないです（ありません）。
(3) スポーツは（で）何が好きですか。
(4) 私はサッカーが好きです。
(5) マリオさんはコーヒーがあまり好きじゃ（では）ないです（ありません）。

6 「あげます」「もらいます」「くれます」── あげもらい①
(1) ケン←マリー
(2) 私←マリー
(3) マリー←私
(4) ケン→私
(5) ケン←マリー

7 「～てあげます」「～てもらいます」「～てくれます」
　　── あげもらい②
(1) ケン←マリー
(2) 私←マリー
(3) マリー←私
(4) ケン→私
(5) ケン←私

8 自動詞・他動詞 ── ヴォイス①
(1) 閉まります
(2) 割りました
(3) 壊れる
(4) 落ちた
(5) 止めました
(6) 倒れました

9　受身 ── ヴォイス②
　(1)　ケン
　(2)　ケン
　(3)　マリー
　(4)　私
　(5)　マリー

10　使役 ── ヴォイス③
　(1)　ケン
　(2)　私
　(3)　私
　(4)　ケン
　(5)　私

11　普通体 ── 文体・スタイル①
　(1)　した
　(2)　寝る
　(3)　勉強している
　(4)　行かなければならない
　(5)　泳ぐことができる
　(6)　ない
　(7)　食べる
　(8)　行かなかった

12　尊敬語 ── 文体・スタイル②
　(1)　お読みになります／読まれます
　(2)　お帰りになりました／帰られました
　(3)　ご覧になりました／見られました
　(4)　おっしゃいました／言われました
　(5)　ご存知です

13　謙譲語 —— 文体・スタイル③
(1)　おります
(2)　お送りします
(3)　お持ちします
(4)　拝見して
(5)　いただきました

14　「［自動詞］ています」「［他動詞］てあります」
　　 —— テンス・アスペクト①
(1)　「かける」は他動詞なので，ｂが答えです。
(2)　「書く」は他動詞なので，ｂが答えです。
(3)　「割れる」は自動詞なので，ａが答えです。
(4)　「落ちる」は自動詞です。ａが答えです。
(5)　「洗濯する」は他動詞で，また結果の状態なのでｂが答えです。
(6)　「止まる」は自動詞なので，ａが答えです。

15　「～ておきます」 —— テンス・アスペクト②
(1)　勉強して
(2)　行って
(3)　並べて
(4)　閉めて
(5)　つけて

16　「～ところ」「～たばかり」 —— テンス・アスペクト③
(1)　動作の直後を表し，話し手の主観的な気持ちが含まれないので，ａの方が適当です。
(2)　話し手の主観的な気持ちが含まれるので，ｂの方が適当です。
(3)　動作の直後を表し，話し手の主観的な気持ちが含まれないので，ａの方が適当です。
(4)　話し手の主観的な気持ちが含まれるので，ｂの方が適当です。

17　連体修飾 ── 従属節①
(1)　来なかった
(2)　乗る
(3)　テニスをしている
(4)　ない
(5)　ある
(6)　食べる
(7)　母が作った
(8)　住んでいる

18　「〜と」「〜ば」「〜たら」── 従属節②
(1)　3つとも○ですが，必ず起こることなので，「と」「ば」の方が自然です。
　　【と】　（○）春が来ると，暖かくなります。
　　【ば】　（○）春が来れば，暖かくなります。
　　【たら】（○）春が来たら，暖かくなります。
(2)　発見・過去なので，「と」「たら」が○です。
　　【と】　（○）教室に入ると，先生が立っていました。
　　【ば】　（　）教室に入れば，先生が立っていました。
　　【たら】（○）教室に入ったら，先生が立っていました。
(3)　もしもの仮定のことなので，「ば」「たら」が○です。
　　【と】　（　）明日雨が降らないと，旅行します。
　　【ば】　（○）明日雨が降らなければ，旅行します。
　　【たら】（○）明日雨が降らなかったら，旅行します。
(4)　動作の順番なので，「たら」だけが○です。
　　【と】　（　）朝ごはんを食べると，友達と会います。
　　【ば】　（　）朝ごはんを食べれば，友達と会います。
　　【たら】（○）朝ごはんを食べたら，友達と会います。

19　「〜なら」── 従属節③
(1)　きれいなら
(2)　あるなら

(3) かぜなら
(4) 日本料理なら
(5) 行くなら

20 「〜ように」「〜ために」── 従属節④
(1) 「取れる」は無意志動詞なので，ａが答えです。
(2) 前の文と後の文で主語が違い，また無意志動詞なので，ａが答えです。
(3) 名詞なので，ｂが答えです。
(4) 前の文と後の文で主語が違い，「見える」は知覚動詞なので，ａが答えです。
(5) 「買う」は意志動詞です。ｂが答えです。

21 「〜がほしいです」── ムード・モダリティ①
(1) 私はギターがほしいです。
(2) 私は何もほしくないです／ほしくありません。
(3) 私は新しい靴がほしいです。
(4) Ａ：誕生日に何がほしいですか。
　　Ｂ：時計がほしいです。

22 「〜たいです」── ムード・モダリティ②
(1) 行きたいです
(2) とりたいです
(3) 食べたいです
(4) したいです
(5) 泳ぎたいです

23 「〜てください」── ムード・モダリティ③
(1) 読んで
(2) 開けて
(3) 宿題をして
(4) 食べて
(5) 待って

24 「んです」── ムード・モダリティ④
(1) 買った
(2) もらった・誕生日だった
(3) した・いたい
(4) とりたい

25 様態の「そうだ」・伝聞の「そうだ」── ムード・モダリティ⑤
(1) 伝聞なので,「降る」が答えです。
(2) 様態なので,「楽し」が答えです。
(3) 伝聞なので,「おいしい」が答えです。
(4) 様態なので,「落ち」が答えです。
(5) 伝聞なので,「学生だ」が答えです。

26 「ようだ」「らしい」── ムード・モダリティ⑥
(1) 伝聞の用法で,接続が正しいbが答えです。「ようです」の場合,「簡単なようです」が正しい接続です。
(2) 視覚から判断した推量の用法で,「らしい」では無責任に聞こえるのでaが答えです。
(3) 比況の用法で,aが答えです。
(4) 典型の用法で,bが答えです。

27 「は」「が」── 助詞①
【問題1】
〈1文目〉
昔々,ある所におじいさんとおばあさん (は ・⑭) 住んでいました。
⇒新しい情報です。
〈2文目〉
おじいさん (⑭・ が) 山へ行き,おばあさん (⑭・ が) 川へ行きました。
⇒古い情報で,対比です。
〈3文目〉
おばあさん (⑭・ が) おじいさん (は ・⑭) いつも着ている服を川

208

で洗っていました。
⇒節の中か外かで使い分けます。
〈4文目〉
すると，大きな桃（ は ・(が)）流れてきました。
⇒新しい情報で，見たままの事実です。
〈5文目〉
おばあさん（(は)・ が ）その桃を家に持って帰りました。
⇒古い情報で，強調しない文です。
〈6文目〉
おじいさんとおばあさん（ は ・(が)）桃を切ろうとしたとき，中から元気な男の子（ は ・(が)）出てきました。
⇒1つ目の「が」は節の中なので「が」，2つめは見たままの事実なので「が」を使います。
〈7文目〉
その男の子（(は)・ が ）桃から出てきたので「桃太郎」という名前になりました。
⇒古い情報で，強調しない文です。
〈8文目〉
おじいさんとおばあさん（(は)・ が ）桃太郎を大切に育てました。
⇒古い情報で，強調しない文です。

【問題2】
(1) テーブルの上にケーキ（ は ・(が)）ありますが，そのケーキ（(は)・ が ）私のだから，食べないでくださいね。
　　⇒最初に登場した「ケーキ」は新しい情報なので「が」ですが，2回目からは古い情報なので「は」です。
(2) ある寒い夜，1人の女の子（ は ・(が)）いました。その女の子（(は)・ が ）道でマッチを売っていましたが，誰も女の子からマッチを買いませんでした。
　　⇒最初の「女の子」は新しい情報なので「が」を使います。次の文では古い情報になるので「は」を使います。
(3) バス（ は ・(が)）来ました。

バス（(は)・が）便利な乗り物ですね。
⇒「が」でバスに関して見たままの事実を述べ，そのあと「は」でバスの一般的な特徴を述べます。

(4) あそこにさくら（は・(が)）咲いています。
さくら（(は)・が）とてもきれいな花です。
⇒さくらの見たままの事実を「が」で述べます。そして，さくらの一般的な性質を「は」で述べます。

(5) 森さん（は・(が)）昨日買った本を読んでもいいですか。
⇒連体修飾節の中にあるので「が」を使います。

(6) 姉（は・(が)）作ったケーキ（(は)・が）おいしくなかった。
⇒連体修飾節の中にある場合は「が」を，節の外にある場合は「は」を使います。

(7) 毎晩私（(は)・が）キムさん（は・(が)）走っているのを見ている。
⇒「～の」「～こと」などと名詞化した節（名詞節）の中にある場合は「が」を，節の外にある場合は「は」を使います。

(8) 鈴木さん（(は)・が）学校に来たが，山田さん（(は)・が）来なかった。
⇒対比なので「は」を使います。

(9) キム：「どの方（は・(が)）ケンさんですか。」
ワン：「あの方（は・(が)）ケンさんです。」
⇒総記なので「が」を使います。

28 場所の「に」と「で」── 助詞②

(1) まどのそば（に・(で)）女の人が本を読んでいます。
⇒動作する場所を表します。

(2) ワンさんは学校（(に)・で）来ていません。
⇒到着点を表します。

(3) 映画館（に・(で)）映画を見ます。
⇒動作する場所を表します。

(4) ロンドン（(に)・で）住んでいます。
⇒存在する場所を表します。

(5) 明日ここ（に・(で)）サッカーの試合があります。

⇒できごとが行われる場所を表します。
(6)　メアリーさんは車の中（ に ・ で ）寝ています。
　　⇒動作している場所を表します。
(7)　毎日さくら学校（ に ・ で ）通っています。
　　⇒習慣的に移動する場所を表しています。
(8)　道（ に ・ で ）ごみがたくさんあります。
　　⇒存在する場所を表します。

29　「よ」「ね」「よね」 ── 助詞③
(1)　Bだけが情報を所有しているので「よ」のほうが適当です。
(2)　2人とも話題を共有しているので「ね」のほうが適当です。
(3)　2人とも話題を共有しているので「よね」のほうが適当です。
(4)　Bだけが情報を所有しいるので「よ」のほうが適当です。
(5)　Bのほうが情報を所有しいて，Aは「たしか」と確認をしているので「よね」のほうが適当です。
(6)　2人とも話題を共有しているので「ね」のほうが適当です。

30　「から」「ので」 ── 助詞④
(1)　後ろの文で禁止表現が使われているので，a が答えです。
(2)　丁寧な依頼表現なので，b の方が適当です。
(3)　文末には「からです」が使えます。a が答えです。
(4)　後ろの文で命令表現が使われているので，a が答えです。

付録2　授業で使える教材例

「〜がほしいです」の導入時の何もない部屋（129ページ）

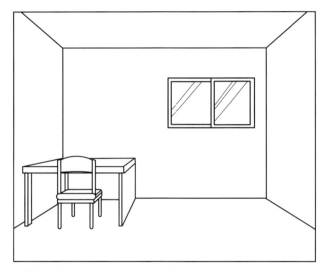

部屋に置くもののイラスト例

「い形容詞・な形容詞」の3ヒントクイズ（26ページ）
クイズカードのイラスト例

空欄には好きな絵を描いて使用するイメージです。

付録2　授業で使える教材例

受身のイラスト例（58ページ）

使役の導入イラスト例（66ページ）

空から町を見たイラスト例① (93ページ)

空から町を見たイラスト例②（110ページ，166ページ）

「と」の導入，および「は」「が」の導入で使えます。①〜④の好きな所に下の場所のカードを置いて，ロール・プレイができます。

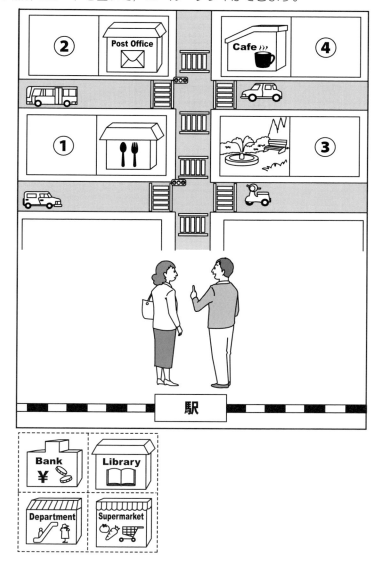

仮定条件を使ったカードゲーム例（112ページ）

今、教科書を持っていない 右の人に1枚カードをあげる	今、雨が降っている 右の人に1枚カードをあげる
家にペットがいる 右の人に1枚カードをもらう	ＵＦＯを見たことがある このカードをもらう
有名人に会ったことがある 左の人から1枚カードをもらう	今、ジーンズをはいている 右の人に1枚カードをもらう
野菜が好きだ このカードをもらう	ピアノが得意だ このカードをもらう
ヘビが嫌いだ 右の人に1枚カードをあげる	朝ごはんを食べていない 左の人に1枚カードをあげる
先生のフルネームを知っている このカードをもらう	宿題をしていない 左の人に1枚カードをあげる

「～ために」の導入イラスト例（123ページ）と
「～んです」の導入イラスト例（149ページ）

て形対照表
ます形⇒て形 (144ページ)

グループ	ます形	て形
1グループ (〜 i-masu)	☐みます・☐にます・☐びます	☐んで
	☐います・☐ちます・☐ります	☐って
	☐きます	☐いて
	☐ぎます	☐いで
	☐します	☐して
	*行きます	*行って
2グループ (〜 e-masu)	☐ます *浴びます・起きます・落ちます・降ります 借ります・できます・閉じます います・着ます・見ます など	☐て *☐て
3グループ	します	して
	来ます	来て

*は例外です。

て形対照表
辞書形⇒て形（144 ページ）

グループ	辞書形	て形
1グループ（〜u）	☐む・☐ぬ・☐ぶ	☐んで
	☐う・☐つ・☐る	☐って
	*帰る・切る・知る・入る・走る・減る・参る　など	*☐って
	☐く	☐いて
	☐ぐ	☐いで
	☐す	☐して
	*行く	*行って
2グループ（〜i-ru）（〜e-ru）	☐る	☐て
3グループ	する	して
	来る	来て

*は例外です。

様態の「そうだ」のイラスト例（155ページ）

付録2 授業で使える教材例

「ようだ」と「らしい」の文法説明イラスト例 (159 ページ)

「ようだ」と「らしい」の導入イラスト例（160ページ）

連体修飾の導入イラスト例（105ページ）

付録2　授業で使える教材例

「は」と「が」の文法説明イラスト例（166ページ）

ゾウのイラスト例（166ページ）

ペープサート
　厚紙にこれらの顔を貼りつけ，棒をつければ完成です。表情は4パターンあります。

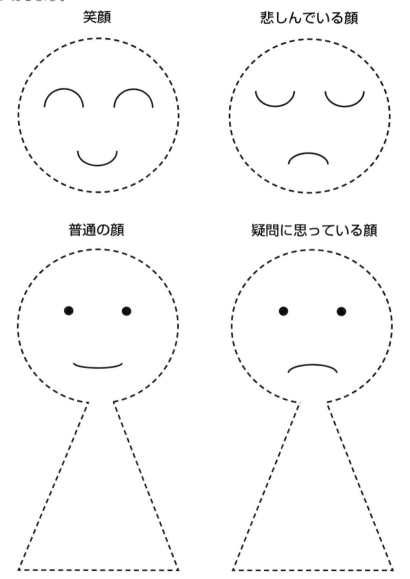

付録3　授業の基本的な流れ

　日本語の授業では，1つの文型を教える際，①学習文法を提示し，意識化するための**導入**，②学習文法の意味と形を対応づける**理解活動**，③正確さを身につける**基本練習**，④なめらかさを身につける**応用練習**という4つの大きな流れで進めていきます。導入と理解活動では**インプットの機会**を提供し，基本練習と応用練習では**アウトプットの機会**を提供します。これまでの日本語の授業では導入，基本練習，応用練習の3つに焦点が置かれていましたが，近年では，理解活動の重要性が認識されています。そのため，本書では理解活動にも随時焦点を当てています。

　本書は導入を主に取り扱っていますが，ここでは授業全体の流れを概観していきます。というのは，授業全体の中で，導入がどのような位置づけにあるのかを把握することで，他の流れとの結びつきを意識し，まとまりのある授業が行えるからです。また，授業の流れを把握することで，本書を最大限に活用することができるでしょう。

　本付録では先の4つの流れを一つひとつ詳しく取り上げ，円滑に授業を行うための教え方を紹介していきます。授業の流れを図にまとめると，次のようになります。

授業の流れ

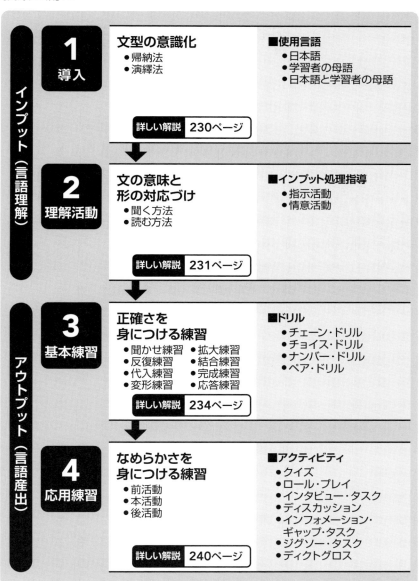

付録3　授業の基本的な流れ

❶ 導入

導入ではその授業で扱う文法の意味、用法（機能）、形を提示し、意識化していきます。

【例】メニュー、ありますか。
意味　　　　　⇨「メニューが存在するかどうか」
用法（機能）⇨「メニューを渡してほしいときの依頼」
形　　　　　　⇨「N＋ありますか」

導入には次の2つの方法があります。

> **方法①　帰納法**
> 　最初にある場面を設定し、いくつかの例文を提示
> 　学習者にその文型の意味、用法（機能）、形を考えてもらったあとで、教師が文法について説明する方法
> 特徴：学習者が学習文型について考えるので、記憶に残りやすくなりますが、時間がかかります。

> **方法②　演繹法**
> 　最初に教師が文法について説明したあとで、例文を提示し、一つひとつ文型を確認していく方法
> 特徴：時間はかかりませんが、学習者の考える時間が少なくなります。

　方法①でも②でも学習者から例文を考えてもらうとよいでしょう。また導入時、大切なところは

　　　　　　色を変えたり　　　**大きく書いたり**　　　<u>線をひいたり</u>

して、強調（インプット強化）するのも効果的です。
　導入時に使用する言語は次のようになります。

> (1) 日本語だけで行う
> 特徴：場面や状況設定，例文，文法説明を日本語だけで行います。学習者は日本語を聞く機会が増えますが，本当に理解したかどうか確認できないというデメリットがあります。
>
> (2) ほぼ学習者の母語だけで行う
> 特徴：場面や状況設定，文法の説明を学習者の母語で行い，例文は日本語で言います。理解はしやすいのですが，日本語を聞く機会が減ります。
>
> (3) 日本語と学習者の母語両方で行う
> 特徴：場面や状況設定，例文などは日本語で言い，文法の説明は学習者の母語で行います。理解しやすく，日本語を聞く機会も保てます。

(2)と(3)は学習者の母語を教師が話せる場合，使える方法です。もちろん母語以外でも，学習者が知っている言語を使って導入することもできます。例えば，学習者全員が英語を理解できる場合，英語を使うこともできます。

本書は導入に関する指導参考書で，導入のアイディアを多数紹介しています。導入がうまくいけば，そのあとの授業は学習者にとって理解しやすくなり，また，教師にとっても，わかりやすい導入ができれば，その後の授業をスムースに進めることができます。そのため，導入は授業の要だと言われています。こういった理由から，本書は導入に焦点を置いています。

❷ 理解活動

学習者が学習文法を聞いたり読んだりすることで理解を深める活動です。代表的な理解活動として**インプット処理指導**という指導法があります。インプット処理指導はコピーを必要とせず，紙とペン，そして問題文さえ準備しておけば行えるので，お勧めの指導法です。この指導法は随時，本書で取り上げています。まずは，手順を見てみましょう。

【絵カードを使ったインプット処理指導】
「〜ています」の意味と形を対応づけているところです。動詞のカードを並べ，該当するカードを指さします。

> 手順
> ①教師が文を言って，学習者がそれを聞くか，またはプリントを配り学習者が文を読む
> ②学習者はその文に合う答えを書いたり，絵を選んだりする

　基本的に，この指導法は文法の意味と形を対応づけるための活動なので，学習者が何かを言ったり，書いたりして文を作る必要はありません。
　「インプット処理指導」には**指示活動**と**情意活動**の2種類の活動形態があります。

◆**指示活動**……問題文の指示に従って答える活動です。
【具体例】
　「あげます」「もらいます」「くれます」などの「授受表現」では，このようにノートに書いてもらうか，またはプリントを配り，学習者が問題文を読んで，矢印を書くという活動もできます。

問題

例のように矢印（→）を書いてください。
（例）私はマリーさんに花をもらいました。
　　　私　←　マリー
(1) ケンさんはマリーさんに時計をもらいました。
　　ケン　　　　マリー
(2) マリーさんは私にペンをくれました。
　　私　　　　マリー
(3) 私はマリーさんにりんごをあげました。
　　マリー　　　　私

◆**情意活動**……学習者自身の経験や行動，考えなど心の部分に従って答える活動です。

【具体例】

次の「まえに」の文型の場合は，問題文を教師が読んで学習者がそれを聞き，答えるという方法です。

問題

「はい」ですか。「いいえ」ですか。
（例）朝，顔を洗うまえに，トイレに行きます。
　　　(はい)　　　いいえ
(1)　はい　　　いいえ
(2)　はい　　　いいえ
(3)　はい　　　いいえ
(4)　はい　　　いいえ

［教師が読む文］
(1) 朝ご飯を食べるまえに，歯を磨きます。
(2) 学校に行くまえに，新聞を読みます。
(3) 晩ご飯を食べるまえに，お風呂に入ります。（シャワーを浴びます。）
(4) 夜，寝るまえに，本を読みます。

③ 基本練習（ドリル）

　基本練習は正確さを身につけるための練習です。基本練習では，導入で提示し，理解活動で扱った学習事項を学習者が言います。このとき，絵カードやフラッシュカードなどを使って練習をすることもできます。基本練習で，教師が出す指示をキューと言います。キューは教師の声でも絵カードでもフラッシュカードでも可能です。または，いくつかを組み合わせることもできます。

　基本練習には次のような練習があります。Tは教師（Teacher），Lは学習者（Learner）を表します。

◆**聞かせ練習**……教師が言って，学習者が学習文型を聞く練習です。

　　T ◀ 行きます。

◆**反復練習**……教師が言ったことを，学習者が繰り返して言う練習です。

　　T ◀ 行きます。

　　　　　　　　　　　　　　　　　行きます。 ◀ **L**

◆**代入練習**……教師が出すキューを文の中に入れる練習です。

　　T ◀ 犬

　　　　　　　　　　　　　　私は犬が好きです。 ◀ **L**

◆**変形練習**……動詞や形容詞などの形を変える練習です。下の例は，「て形」への変形です。

T: 待ちます。
L: 待ってください。

◆拡大練習……文をだんだん長くしていく練習です。

T: 行きます
L1: 行きます。
T: 学校
L2: 学校に行きます。
T: バス
L3: バスで学校に行きます。

◆結合練習……2つ以上の文を，一文にする練習です。

T: 朝起きます。歯をみがきます。
L: 朝起きて、歯をみがきます。

◆完成練習……前か後ろが不完全な文を，完成させる練習です。

T: 試験がありますから
L: 試験がありますから、勉強します。

◆応答練習……質問に答える練習です。

T ワンさんは何がほしいですか。

L 私は時計がほしいです。

他にも次のような基本練習（ドリル）があります。

◆チェーン・ドリル……チェーン（鎖）のように学習者同士で質問と応答をする練習です。

T 明日何をしますか。

L1 明日友達と遊びます。（L2に）明日何をしますか。

L2 明日サッカーをします。（L3に）明日何をしますか。

L3 明日勉強します。（L4に）明日何をしますか。

【チェーン・ドリルの実施例①】
TがL1に質問するところから始まり、L1、L2、L3……と続きます。

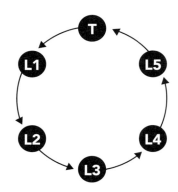

【チェーン・ドリルの実施例②】
学習者だけでチェーンを作り、教師はドリルをチェックします。

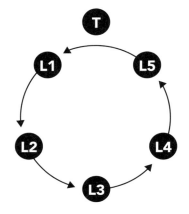

◆チョイス・ドリル……学習者が絵カードや文字カードを選び，カードに書かれている絵や文字を使って文を言う練習です。

【具体例】カードの中から「犬」の絵カードを取った場合

L ◀ 私は犬が好きです。

と学習者は言います。また，このあとに

T どうしてですか。

かわいいからです。 **L**

と加えれば，短い会話練習ができます。

【チョイス・ドリル】
教師が複数の絵カードを持ち，学習者はその中から1枚カードを取ります。そして，「〜が好きです」の文に選んだカードを代入します。

◆ナンバー・ドリル……絵カードや文字カードに番号を振り，黒板に貼ります。教師は数字をキューとして言い，学習者が文を言います。

【ナンバー・ドリル】
数字をキューとし，「〜がほしいです」の代入練習をしているところです。

◆ペア・ドリル……ドリルを教師と学習者の間でするのではなく，学習者同士でする練習です。学習者のペアかグループを作り，1人の学習者がキューを出し，他の学習者が答えます。そのとき，教師は学習者の様子をチェックします。

【ペア・ドリル】
キューを出す学習者が絵カードを提示し，もうひとりが「〜ています」に変形させます。

基本練習についてのワンポイント・アドバイス

練習のしかた
　基本練習をするときは，簡単なものから始めて，だんだん難しくしていくことが重要です。クラスサイズにもよりますが，学習者を指名するときは，最初は全員で，その次に，グループ，個人と進めていくとよいでしょう。

指名する順番
　学習者を指名する順番ですが，理解が早い学習者を最初と間に入れると，自信のない学習者も言いやすくなります。

【指名する順番のイメージ図】

※大きい円が理解の早い学習者です。

④ 応用練習

　応用練習はなめらかさを身につけるための練習で，導入，理解活動，基本練習で学習したことを実際に使って練習します。応用練習をするときは，**前活動**，**本活動**，**後活動**を行います。

前活動
　活動前の準備のことです。どのような活動をするのか，どのような表現を使うのかを説明したり，活動で必要な語彙を教えたりします。他にも，本活動の内容に関係することついて簡単に話し合ったり，知っていることを書き出したりすることも前活動でできます。

本活動
　実際に活動をします。学習者間でインタラクション（相互交流）をしていて，コミュニケーション上の問題が発生したときに，話し手は聞き手から「もう一度言ってください。」「それは何ですか。」「ああ，○○のことですね。」などのような意味交渉のフィードバックを受けることがよくあります。こういったフィードバックが学習者の言語習得につながると考えられています。

後活動
　「後活動」では，学習者が発表したり，クラス全員で活動内容を確認したりします。また，本活動中に教師は学習者の様子や誤用などをメモしておき，後活動でフィードバックすることもできます。

　応用練習には次のようなアクティビティがあります。

◆**クイズ**……ひとりの学習者に絵カードを渡します。他の学習者は学習したことを使いながら質問をして，絵カードが何なのか当てます。
【具体例】
　状況の可能を表す「～することができます」の文を使ってこのような場所当てクイズができます。

L1: そこで勉強することができますか。

L2: はい、できます。ここはどこでしょう。

L1: そこは学校ですか。

L2: いいえ、ちがいます。

L3: そこで本を読むことができますか。

L2: はい、できます。ここはどこでしょう。

L3: そこは図書館ですか。

L2: はい、そうです。

前活動 ⇒ クイズに使う場所の名詞を学習者に提示
本活動 ⇒ クイズを行う
後活動 ⇒ 教師が他にどのような言い方ができるかを教える

◆ロール・プレイ……「役割」と「すること」が書いてあるロール・カードを学習者に渡し、学習したことを使ってペアやグループでコミュニケーションをします。

【具体例】

学習者をペアにし、下のような内容が違うロール・カードAとBをそれぞれに渡します。Aは映画に誘い、Bはその誘いを受けるというロール・プレイができます。勧誘表現の「〜ましょう」「〜ませんか」が使えます。

> 【ロールカードA】
> あなたは学生Aです。映画のチケットが2枚あります。友達に土曜日と日曜日の予定を聞いて誘ってください。

> 【ロールカードB】
> あなたは学生Bです。土曜日は約束があります。日曜日はひまです。

前活動 ⇒ 「最近友達とどこへ出かけたか」「どう誘うか」などについて話し合う
本活動 ⇒ ロール・カードを渡し,各自ロール・プレイをしてもらう
後活動 ⇒ 何組かのグループに前へ出てきてもらい,ロールプレイをしてもらう

◆インタビュー・タスク……学習項目を使って,学習者同士でインタビューする活動です。
【具体例】
　「〜が好きです」を使ったインタビュー・タスクでは下のようなシートをコピーして学習者に渡し活動してもらいます。もちろんシートをコピーしないで,学習者にノートへ直接書くよう言ってもよいでしょう。

【インタビュー・タスク・シートの例】

> **問題**
> Ⅰ. 質問に答えてください。
>   Q1. どんなスポーツが好きですか。
>   _____
>   Q2. どんな果物が好きですか。
>   _____
>   Q3. どんな食べ物が好きですか。
>   _____

Ⅱ. 3人に上の質問をして、シートに書いてください。

さん	Q1	
	Q2	
	Q3	
さん	Q1	
	Q2	
	Q3	
さん	Q1	
	Q2	
	Q3	

前活動 ⇒ Ⅰで自分の情報を書く
本活動 ⇒ Ⅱでインタビューを行う
後活動 ⇒ 自分がインタビューして得たクラスメートの情報を、クラス全体に向けて発表する

◆ディスカッション……話し合いの材料となる情報を配り、それをもとにグループで話し合いを行います。ディスカッションは、意見交換だけでもよいですし、グループ内で1つの答えを出す「意志決定のためのディスカッション」もできます。

【具体例】
願望の「～たいです」の文を使う場合のディスカッションを考えてみましょう。

前活動 ⇒ 日本の「東京」「京都」「北海道」の写真を配り、どこへ行って何をしたいか学習者ひとりひとりに考えてもらう

本活動 ⇒ グループ内でそれぞれのプランを話し合う
後活動 ⇒ グループで話し合った内容を全体に向け発表する

◆インフォメーション・ギャップ・タスク……ペアかグループを作り、学習者に情報内容が違うシートを渡し、学習者同士で情報差を埋める活動です。

【具体例】

「あります・います」の文を使ったインフォメーション・ギャップ・タスクの場合、まずペアを作り、下のAとBのような情報内容が違うシートをそれぞれに渡します。そして、自分のシートの部屋にあるものとないものを見つけ出すという活動ができます。下にイラストがあります。

前活動 ⇒ 実際の自分の部屋にあるものについて話し合い、頭の整理をする
本活動 ⇒ シートを配り、違いを見つける
後活動 ⇒ Aの部屋とBの部屋の違いをクラスで確認する

A

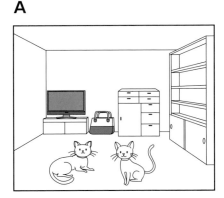

B

【タスク・シート例】

日本語を使って、Aの部屋とBの部屋の違いを探します。

◆ジグソー・タスク……インフォメーション・ギャップ・タスクをグループで行います。まずグループを作ります。例えば，4人のグループを作ったとします。4人それぞれに違う情報が書いてあるカードを渡し，その内容を覚えてもらいます。覚えたあと，またグループで集まり，ジグソー・パズルのようにそれぞれの情報を提示して，全体像を探ります。

【具体例】

比較表現の「～は…より○○です」「～が一番○○です」を使ったジグソー・タスクです。下のような違う情報が書いてあるカードを渡し，教師が4つのフルーツを高い方から順に並べるよう指示します。カードの情報を覚えたあと，グループになり，話し合いをし，高い方から並べます。

Aのカード： リンゴが 一番 安いです。

Bのカード： ブドウは バナナより 高いです。

Cのカード： ブドウは メロンより 安いです。

Dのカード： メロンは バナナより 高いです。

前活動 ⇒ ルールを教える
本活動 ⇒ ジグソー・タスクを行う
後活動 ⇒ カードに何が書いてあったかをクラス全体で確認していき，答え合わせをする

◆ディクトグロス……ディクテーション（CDから流れる朗読音声や教師が読み聞かせる文を学習者が書き取る活動）をグループで行います。まず教師が文章を読み，学習者にメモを取るように言います。そのあと，メモを見ながらグループで話し合って，教師が読んだ文

章をノート上に再現します。この活動では，話す・聞く・書く・読む，4つのスキルを使うことになります。

【具体例】
「て形」を使ったスクリプトではこのようなものが作れます。スクリプトは教科書の文章を使ってもよいですし，自分で作ってもよいでしょう。

教師用のスクリプト

先週の日曜日、友達の家に行って、パーティをしました。
みんなでカレーを作って、いっしょに食べました。
それから、映画を見て、友達と2時間話して、家に帰りました。
とても楽しい日曜日でした。

前活動 ⇒ 学習者の個人的なパーティの体験について話し合ったあとで，ディクトグロスのやり方を説明する
本活動 ⇒ ディクトグロスを行う
後活動 ⇒ 答えを確認し，学習者がよく書き取れなかったところを教師が説明する

授業についてのワンポイント・アドバイス

流れの順番
　ここで紹介した授業の流れは，1つの例ですから，すべてこの通りに教える必要はありません。必要なものは増やしたり，必要ないものは減らしたり，順番を変えたりもできます。例えば，最初に応用練習をしてから，そのあと必要な文法を導入，理解活動をし，もう一度応用練習をするといった授業も考えられます。学習項目，学習者の年齢やレベル，クラスのサイズなどを考えて，自分のクラスに合った授業を組み立ててみてください。

使用教材
　先にあげたもの以外にもいろいろな練習法があります。例えば，CDを使って聴解練習をしたり，DVDを使って実際の日本語話者の会話の場面を見たりすることもできます。

学習者の位置
　基本練習や応用練習のときの学習者の位置ですが，隣の人とペアにしてもよいですし，くじ引きでグループを決めてもよいでしょう。また，一定の時間練習してから，次々にペアを作って他の人と練習するという方法もあります。次のページの図のように，A列の人は動かないで，B列の人が右に移動します。そして，対面しているAとBで練習していけば，短い時間により多くの人と練習することができます。この配置は，回転寿司のような動きをするので，回転寿司型と言えるでしょう。

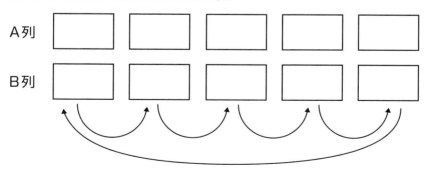

【回転寿司型の配置】A列の人は固定で、B列の人は移動します。

語彙

　教科書に載っている語彙を全部教える必要はありません。例えば、海外で日本語を教えている場合、「コンビニ」という言葉が教科書に出てきても、教えている国や地域にコンビニがない場合、日本へ行く予定の学習者には必要な単語ですが、予定していない学習者にとっては「コンビニはどこですか。」などという練習は現実的ではありません。

地名

　教科書に「上野駅」という日本の駅名が出てきても、海外の学習者にとっては身近な地名ではないので、現地の身近な地名に変えてもよいでしょう。例えば、インドで日本語を教えているのなら「ニューデリー駅」に変えることもできます。教えている国、地域に合った語彙や例文を考えて、それを授業で使ってください。

教案

　経験が短い場合は、授業をするまえに、教案を書いておくことも必要です。教案を書くことは大変かもしれませんが、教案を書いておくと、2年目、3年目と将来同じ項目を教えるときに、過去の自分の授業を振り返ることで、よりよい授業を行うことができます。

　授業に自信がない場合は、授業前に一度、頭の中でイメージ・トレーニングすることをおすすめします。授業全部をイメージ・トレーニングするのは大変ですから、授業の流れを細分化して確認するのもよいでしょう。例えば、導入、文型説明、基本練習でのカードの使い方、キューの出し方が適切か、カードの順番はよいかどうか、などです。

5 学習者を知るということ

　以上，授業の大まかな流れとそのポイントを見てきましたが，最後に，授業を円滑に進めるためには何が重要かを考えてみます。

　例文を提示したり，説明をしたりする際，どのようにすれば学習者は深く理解できるのでしょうか。その鍵となるのが学習者をよく知るということです。休み時間などの授業外などにも学習者とコミュニケーションを取ることで，彼らが普段，どのようなことを考え，どのようなものに興味・関心があるのかが把握できます。例えば，学習者にホームタウンや趣味などについて尋ね，教えてもらうことで，彼らのバックグラウンドを知ることができます。教師は彼らのバックグラウンドや興味・関心を把握し，それらを例文の提示や説明，あるいは産出練習などで活かせます。

　また，教師も自身について開示することで，より一層信頼関係を築いていけます。学習者間，そして学習者・教師間の信頼関係は，雰囲気のよいクラスを作り，外国語学習を行う上で最適な環境を生み出すことができるでしょう。

付録4　初級指導で役に立つ本

【日本語を教えるときに役に立つもの】
有馬俊子（1993）『日本語の教え方の秘訣　上』スリーエーネットワーク
有馬俊子（1994）『日本語の教え方の秘訣　下』スリーエーネットワーク
有馬俊子（1995）『続　日本語の教え方の秘訣　上』スリーエーネットワーク
有馬俊子（1995）『続　日本語の教え方の秘訣　下』スリーエーネットワーク
国際交流基金著（2006-2011）『国際交流基金　日本語教授法シリーズ』ひつじ書房
国際日本語普及協会著（2006）『JAPANESE FOR BUSY PEOPLE I Teacher's Manual for the Revised 3rd Edition』講談社インターナショナル
国際日本語普及協会著（2007）『JAPANESE FOR BUSY PEOPLE II & III Teacher's Manual for the Revised 3rd Edition』講談社インターナショナル
坂野永理他（2012）『初級日本語　げんき　教師用指導書［第2版］』ジャパンタイムズ
嶋田和子監修，できる日本語教材開発プロジェクト著（2011）『できる日本語　初級　教え方ガイド＆イラストデータ CD-ROM』アルク
嶋田和子監修，できる日本語教材開発プロジェクト著（2012）『できる日本語　初中級　教え方ガイド＆イラストデータ CD-ROM』アルク
スリーエーネットワーク編著（2016）『みんなの日本語初級 I 第2版　教え方の手引き』スリーエーネットワーク
スリーエーネットワーク編著（2016）『みんなの日本語初級 II 第2版　教え方の手引き』スリーエーネットワーク
清ルミ（2009）『DVDで授業の流れがわかる　日本語の教え方のコツ』アルク

寺田和子他（1998）『日本語の教え方 ABC』アルク
山崎佳子他（2010）『日本語初級1 大地―教師用ガイド「教え方」と「文型説明」』スリーエーネットワーク
山崎佳子他（2011）『日本語初級2 大地―教師用ガイド「教え方」と「文型説明」』スリーエーネットワーク

【応用練習のときに使えるもの】
石黒圭（2011）『会話の授業を楽しくする　コミュニケーションのためのクラス活動40』スリーエーネットワーク
栗山昌子・市丸恭子（1992）『初級日本語　ドリルとしてのゲーム教材50』アルク
国際交流基金日本語国際センター著（2005）『児童・生徒のための日本語わいわい活動集』スリーエーネットワーク
砂川有里子他（2008）『おたすけタスク』くろしお出版
高橋美和子他（1994）『クラス活動集101』スリーエーネットワーク
高橋美和子他（1996）『続・クラス活動集131』スリーエーネットワーク
辻亜希子・小原千佳（2012）『日本語教師のための楽しく教える活動集22』アルク
中村律子他（2005）『人と人とをつなぐ　日本語クラスアクティビティ50』アスク
春原憲一郎他（2004）『にほんご宝船　いっしょに作る活動集』アスク
春原憲一郎・谷啓子他（2009）『こども　にほんご宝島』アスク
CAGの会（2007）『日本語コミュニケーションゲーム80［改訂新版］』ジャパンタイムズ

【絵カードや文字カードなどの教材】
足立章子他（2004）『絵で導入・絵で練習』凡人社
国際交流基金著（2006）『日本語教師必携　すぐに使える「レアリア・生教材」アイデア帖』スリーエーネットワーク
国際交流基金著（2008）『日本語教師必携　すぐに使える「レアリア・生教材」コレクション CD-ROM ブック』スリーエーネットワーク
スリーエーネットワーク編著（2000）「みんなの日本語初級Ⅰ　携帯用絵教

材」スリーエーネットワーク
スリーエーネットワーク編著（2002）「みんなの日本語初級Ⅱ　携帯用絵教材」スリーエーネットワーク

【聴解教材】
小林典子他（2017）『新・わくわく文法リスニング 100　耳で学ぶ日本語 1』凡人社
小林典子他（2017）『新・わくわく文法リスニング 100　耳で学ぶ日本語 2』凡人社
文化外国語専門学校日本語課程編著（1992）『楽しく聞こうⅠ』凡人社
文化外国語専門学校日本語課程編著（1992）『楽しく聞こうⅡ』凡人社
ボイクマン総子他（2006）『聞いて覚える話し方　日本語生中継　初中級編 1』くろしお出版
ボイクマン総子他（2006）『聞いて覚える話し方　日本語生中継　初中級編 2』くろしお出版
牧野昭子他（2003）『みんなの日本語初級Ⅰ　聴解タスク 25』スリーエーネットワーク
牧野昭子他（2005）『みんなの日本語初級Ⅱ　聴解タスク 25』スリーエーネットワーク
宮城幸枝他（2010）『毎日の聞きとり 50 日　上　新装版』凡人社
宮城幸枝他（2010）『毎日の聞きとり 50 日　下　新装版』凡人社

【読解教材】
嶋田和子監修，できる日本語教材開発プロジェクト著（2013）『できる日本語準拠たのしい読みもの 55　初級＆初中級』アルク
文化外国語専門学校日本語課程編著（1996）『楽しく読もうⅠ』凡人社
文化外国語専門学校日本語課程編著（1996）『楽しく読もうⅡ』凡人社
牧野昭子他（2016）『みんなの日本語初級Ⅰ　第 2 版　初級で読めるトピック 25』スリーエーネットワーク
牧野昭子他（2016）『みんなの日本語初級Ⅱ　第 2 版　初級で読めるトピック 25』スリーエーネットワーク
三浦昭他（2000）『日本語初級読解　読み方＋書き方』アルク

【作文教材】

門脇薫・西馬薫（2014）『みんなの日本語初級 第2版 やさしい作文』スリーエーネットワーク

長谷川頼子（2009）『にほんご日記ノート』アルク

【スピーチ教材】

国際交流基金関西国際センター編著（2004）『初級からの日本語スピーチ』凡人社

【発音教材】

赤木浩文他（2010）『毎日練習！リズムで身につく日本語の発音』スリーエーネットワーク

河野俊之他（2004）『1日10分の発音練習』くろしお出版

戸田貴子（2004）『コミュニケーションのための日本語発音レッスン』スリーエーネットワーク

中川千恵子・中村則子（2010）『初級文型でできる にほんご発音アクティビティ』アスク

【映像教材】

国際交流基金著（2007）『DVDで学ぶ日本語 エリンが挑戦！にほんごできます。〈vol.1〉』凡人社

国際交流基金著（2007）『DVDで学ぶ日本語 エリンが挑戦！にほんごできます。〈vol.2〉』凡人社

国際交流基金著（2007）『DVDで学ぶ日本語 エリンが挑戦！にほんごできます。〈vol.3〉』凡人社

スリーエーネットワーク（2016）『みんなの日本語初級Ⅰ 第2版　会話DVD』スリーエーネットワーク

スリーエーネットワーク（2016）『みんなの日本語初級Ⅱ 第2版　会話DVD』スリーエーネットワーク

おわりに

　外国語学習の意義とは何でしょうか。私はその本質的な意義を，豊かな人間形成に寄与し，相互理解を深めることだと考えています。これはいつの時代でも共通して言えることで，『その日本語，どこがおかしい？　日本語教師のための文型指導法ガイドブック』（国際語学社）のあとがきでの考えから変わりありません。

　「何ができるようになるか」に焦点を置いた Can-do リストに代表されるように，今日の国際情勢や社会事情は実用的な外国語能力を要望しています。そして，今後もその必要性は増大していくと予想されます。こうした現状を考えると，実用的な外国語学習も1つの目的になりますし，すべきでしょう。しかし一方で，成果が可視化される実用的な外国語学習だけに目を向けるのでは，文化的に不毛であることも省みなければなりません。外国語は政治や経済の流動性に著しく影響を受けやすいため，社会や世間の言うことばかりを鵜呑みにしていると，外国語学習の持つ本質的な意義を認識できなくなってしまいます。外国語学習そのものが自律性を持つためにも，今日ほどその意義を考えなければならない時期はないでしょう。

　母語による言語的個性が固まってから外国語を学ぶということは，新しい言語体系によって衝撃が与えられ，既存の思考・認識の方法に刺激を受けることになります。このとき，体で覚えた第一義的な伝達用のことばでなく，いわばメタ言語能力（言語を客観的かつ分析的に捉える力）育成のためのことばを学ぶことが重要になってきます。なぜなら，後者のことばは思考力の滋養や人間形成にも役立つからです。日本でも国語教育が大切だと言われるのはそのためでしょう。とはいえ，母語はもともと自然習得的な要素が強いため，母語だけで高度な思考を行うために必要な言語レベルまで到達しようとしても，困難であることが少なくありません。そうした母語の短を補うことも外国語の重要な役割であると言えます。すなわち，自然に習得した母語

とは異なる体系のことばに触れることで，精神活動をより柔軟にし，知的な視野を一段とひろげることができるのです。

　本来ことばは人間の考え方を左右するものです。考え方は行動を左右します。外国語を学ぶということは，その話者の文化背景やものの考え方を学ぶことにもなり，とりもなおさずそれは自己や自文化の認識と育成にもつながるのです。また，他者や異文化を理解し，それらとの共生の必要性を認識させてくれるのも，外国語学習の持つ大きな力だと言えます。実際に，人種や民族，国籍，宗教などバックグラウンドが違っていても，それらを超えて学習者同士が教室で信頼関係を構築していく場面を幾度となく目にしてきました。

　近年グローバル化が叫ばれていますが，今後は組織益，国益といったミクロ的視点からだけでなく，「地球益（global interest）」といったマクロ的視点からも外国語学習の意義を考えていかなければならないでしょう。外国語学習により複眼的視野を持つ市民が育つということは，組織や国だけでなく，地球全体の平和や幸福につながっていきます。よりよい地球を築いていくために，外国語学習が大きく貢献することを心から願ってやみません。そして，日本語教育だけでなく，さまざまな外国語教育とも連携・協力し，なお一層言語教育間で知見を共有することを目指していきたいと思います。

高嶋　幸太

参考文献

庵功雄（2012）『新しい日本語学入門 ことばのしくみを考える 第2版』スリーエーネットワーク
庵功雄・高梨信乃・中西久実子・山田敏弘著，松岡弘監修（2000）『初級を教える人のための日本語文法ハンドブック』スリーエーネットワーク
庵功雄・高梨信乃・中西久実子・山田敏弘著，白川博之監修（2001）『中上級を教える人のための日本語文法ハンドブック』スリーエーネットワーク
池上嘉彦（1981）『「する」と「なる」の言語学：言語と文化のタイポロジーへの試論』大修館書店
池上嘉彦・守屋三千代（2009）『自然な日本語を教えるために：認知言語学をふまえて』ひつじ書房
池田玲子・舘岡洋子（2007）『ピア・ラーニング入門：創造的な学びのデザインのために』ひつじ書房
市川保子（2005）『初級日本語文法と教え方のポイント』スリーエーネットワーク
市川保子（2007）『中級日本語文法と教え方のポイント』スリーエーネットワーク
市川保子編著（2010）『日本語誤用辞典』スリーエーネットワーク
大関浩美著，白井恭弘監修（2010）『日本語を教えるための第二言語習得論入門』くろしお出版
国際交流基金著（2007）『初級を教える』ひつじ書房
国際交流基金著（2010）『文法を教える』ひつじ書房
国立国語研究所編（2002）『対照研究と日本語教育』くろしお出版
近藤安月子（2008）『日本語学入門』研究社
白畑知彦・若林茂則・村野井仁（2010）『詳説第二言語習得研究：理論から研究法まで』研究社

砂川有里子・加納千恵子・一二三朋子・小野正樹（2010）『日本語教育研究への招待』くろしお出版
張麟声（2001）『日本語教育のための誤用分析：中国語話者の母語干渉20例』スリーエーネットワーク
寺村秀夫（1982）『日本語のシンタクスと意味Ⅰ』くろしお出版
寺村秀夫（1984）『日本語のシンタクスと意味Ⅱ』くろしお出版
寺村秀夫（1991）『日本語のシンタクスと意味Ⅲ』くろしお出版
富田隆行（1993）『基礎表現50とその教え方』凡人社
富田隆行（1997）『続・基礎表現50とその教え方』凡人社
野田尚史（1996）『新日本語文法選書1「は」と「が」』くろしお出版
野田尚史編（2005）『コミュニケーションのための日本語教育文法』くろしお出版
野田尚史編（2012）『日本語教育のためのコミュニケーション研究』くろしお出版
野田尚史・渋谷勝己・迫田久美子・小林典子（2001）『日本語学習者の文法習得』大修館書店
文化審議会（2007）『敬語の指針』
益岡隆志（1987）『命題の文法』くろしお出版
益岡隆志（1991）『モダリティの文法』くろしお出版
益岡隆志・田窪行則（1992）『基礎日本語文法－改訂版－』くろしお出版
水谷信子（1994）『実例で学ぶ誤用分析の方法』アルク
宮島達夫・仁田義雄編（1995）『日本語類義表現の文法（上）』くろしお出版
宮島達夫・仁田義雄編（1995）『日本語類義表現の文法（下）』くろしお出版
村野井仁（2006）『第二言語習得研究から見た効果的な英語学習法・指導法』大修館書店
森篤嗣・庵功雄編（2011）『日本語教育文法のための多様なアプローチ』ひつじ書房
山田敏弘（2004）『日本語のベネファクティブ』明治書院
Benati, A. (2013). *Issues in Second Language Teaching*. London: Equinox Publishing.

Doughty, C. and Williams, J. (1998). *Focus on Form in Classroom Second Language Acquisition*. Cambridge: Cambridge University Press.

Lee, J. and VanPatten, B. (2003). *Making Communicative Language Teaching Happen*. New York: McGraw-Hill.

21世紀COEプログラム 言語運用を基盤とする言語情報学拠点『東京外国語大学言語モジュール』[http://www.coelang.tufs.ac.jp/modules/]

索　引

言いさし表現　149
意志動詞　122, 123
位置詞　17
移動動詞　12, 171
イベント　181
依頼　17, 44, 83, 91, 143, 182, 183
インタビュー・タスク　242
インタラクション　240
インフォメーション・ギャップ・タスク　244
インプット強化　153, 230
ウチとソト　80
内の関係　104
応用練習　228, 240
ガーデンパス・テクニック　136
かき混ぜ文　38
漢字部分当て　34
感情形容詞　24
間接受身　57
帰着点　36, 37, 171
基本練習　228, 234
キュー　234
クイズ　26, 240
結果の状態　12, 92, 105
現場指示　2
ジグソー・タスク　245
指示　82, 143
指示活動　232
辞書形　73, 142
修飾用法　22, 23
従属節　165
主題　166
ショー・アンド・テル　151
情意活動　233
上下関係　81
所在文　16, 165
叙述用法　22
親疎関係　81, 177
推量　158, 159
勧め　82, 144, 182
絶対敬語　81
総記　164

相対敬語　81
属性形容詞　24
外の関係　104
存在点　170
存在文　16, 165
対立型　2, 3
チェーン・ドリル　236
知覚動詞　122
チョイス・ドリル　237
直接受身　56
ディクトグロス　245
ディスカッション　243
訂正フィードバック　62, 71
出所　36
典型　159
伝聞　154, 159
動作点　171
到着点　10, 11, 171
導入　228, 230
ドリル　234
ない形　144, 163
ナンバー・ドリル　238
二重敬語　82, 87
はが構文　166
被害の受身　57
比況　158, 159
非情の受身　58
フォト・ランゲージ　20
文脈指示　2, 4
ペア・ドリル　238
補助動詞　169
ます形　73, 141
無意志動詞　122, 123
無助詞　73
迷惑の受身　57
持ち主の受身　57
融合型　2, 3
様態　154, 159
理解活動　39, 46, 60, 228, 231
例示　158, 159
ロール・プレイ　241

259

編著者・著者紹介

【編著者】
高嶋幸太（たかしま　こうた）［英語／中国語／モンゴル語］
　埼玉県出身。東京学芸大学教育学部日本語教育専攻卒業，英国グリニッジ大学大学院 MA Management of Language Learning 修了。中学校・高等学校教諭一種免許状（国語）取得。海外では青年海外協力隊の派遣国であるモンゴル，留学先のイギリスでも日本語を教える。日本国内では大手企業の外国人社員に対する日本語教育にも携わる。また，立教大学や早稲田大学で日本語教育に従事する一方で，社会に日本語教育を伝えるための講演・セミナー活動も行う。専門は，教師教育，第二言語習得，海外日本語教育など。
　『日本語で外国人と話す技術』（くろしお出版，単著），『日本語でできる外国人児童生徒とのコミュニケーション：場面別学校生活支援ガイド』（学事出版，単著）など，著書・論文，メディア出演・掲載も多数。
※個人サイト『世界の日本語図書室』にて本書で取り上げなかった教材や授業アイディアを紹介しています。
　URL：http://nihongo-toshoshitsu.jimdo.com/

関かおる（せき　かおる）［英語］
　神田外語大学教育イノベーション研究センター所属。専門は日本語教授法ならびに教師養成。JICA 日本語教師教材研修を担当。留学生，ビジネスパーソン，外国籍社員の受け入れ研修などのカリキュラム作成に従事。
　共著書に『ねっこ一日日学習辞書』（三修社），『完全マスター3級 日本語能力試験文法問題対策』『ひとりでできる初級日本語文法の復習』（スリーエーネットワーク）などがある。

【著者】
岩原日有子（いわはら　ひうこ）［スペイン語］
　静岡県出身。国内の南米人学校でペルーやブラジルの子どもへの日本語教育に携わった後，青年海外協力隊としてパラグアイ，ペルーで現地の若者らに日本語を教えながら活動する。帰国後，沖縄の大学院で日系人の母語継承

について研究する。卒業後，沖縄の NGO センターで多文化共生事業に取り組みつつ，日本の多文化・多言語社会を支える会社 A.C.Diagonal を設立する。

内山聖未（うちやま　きよみ）［フランス語］
　東京都出身。2000 年に青年海外協力隊日本語教師としてトンガに赴任して以来，国内外で日本語教育に従事。2018 年に日本大学大学院の言語教育分野で修士号を取り，現在はフリーランスの日本語教師として海外技術研修員の日本語研修などを担当している。また，JICA 出前講座やキャリア教育団体の講師として，国際協力や異文化理解に関する授業も行っている。

川野さちよ（かわの　さちよ）［ベトナム語］
　沖縄県出身。早稲田大学大学院　日本語教育研究科修士課程修了。過去，国内の日本語学校やタイ・ベトナムの大学等において，多様な人々との出逢いに恵まれ，互いに学びあいながら日本語教育に関わってきた。今後も，ゆっくり少しずつ，日本語教育の幸せな輪を広げていきたいと考えている。

TRẦN THỊ MỸ（チャン・ティ・ミー）［ベトナム語］
　ハノイ国家大学外国語大学東洋言語文化学部卒，同大学大学院研究科修士課程日本語学専攻修了。東京外国語大学大学院総合国際学研究科博士前期課程日本語教育学専修コース修了，同後期課程言語文化専攻修了。博士（学術）。著書に『レベルアップ 中級ベトナム語』（三修社）などがある。

〈初級者の間違いから学ぶ〉
日本語文法を教えるためのポイント30
© TAKASHIMA Kota, SEKI Kaoru, IWAHARA Hiuko, UCHIYAMA Kiyomi,
KAWANO Sachiyo, TRẦN THỊ MỸ, 2018　　NDC810／x, 261p／21cm

初版第1刷──2018年2月1日

第3刷──2024年9月1日

編著者───高嶋幸太／関かおる
著者────岩原日有子／内山聖未／川野さちよ／
　　　　　チャン・ティ・ミー
発行者───鈴木一行
発行所───株式会社 大修館書店
　　　　　〒113-8541 東京都文京区湯島2-1-1
　　　　　電話 03-3868-2651（営業部）　03-3868-2292（編集部）
　　　　　振替 00190-7-40504
　　　　　［出版情報］https://www.taishukan.co.jp

装丁者───ISSHIKI
イラスト──岡林　玲
印刷所───倉敷印刷
製本所───難波製本

ISBN978-4-469-21367-6　Printed in Japan

Ⓡ本書のコピー、スキャン、デジタル化等の無断複製は著作権法上での例外を除き禁じられています。本書を代行業者等の第三者に依頼してスキャンやデジタル化することは、たとえ個人や家庭内での利用であっても著作権法上認められておりません。